Cocinas del mundo

ESPAÑA

Cocinas del mundo
ESPAÑA

BEVERLY LEBLANC

p

Copyright © 2004 de la edición española: Parragon

Traducción del inglés: Silvia Gómez

para Equipo de Edición, S.L, Barcelona

Redacción y maquetación:

Equipo de Edición, S.L, Barcelona

ISBN: 1-40542-675-6

Impreso en Indonesia

NOTAS

• Se considera que 1 cucharadita equivale a 5 ml y 1 cucharada a 15 ml.

• Si no se indica lo contrario, la leche será siempre entera, los huevos y las verduras u hortalizas, como por ejemplo las patatas, de tamaño medio, y la pimienta, pimienta negra recién molida.

• Las recetas que llevan huevo crudo o muy poco cocido no son indicadas para los niños muy pequeños, los ancianos, las mujeres embarazadas, las personas convalecientes y cualquiera que sufra alguna enfermedad.

sumario

INTRODUCCIÓN

La cocina española no sólo es rica y variada, sino que además refleja y conserva un sinfín de tradiciones regionales.

Cualquier persona que, tras haber visitado alguno de los puntos de la costa mediterránea española, haya vuelto a casa con la impresión de que los españoles sólo sirven paella y pollo al ajillo a los turistas es porque no ha probado la enorme diversidad de platos que se cocinan a diario. Los platos típicos son en general sencillos y se basan en ingredientes de calidad y en los productos frescos de temporada. La hospitalidad y la generosidad también forman parte de lo que los españoles entienden por una buena comida o cena.

Su compleja situación geográfica, con costas bañadas por el mar Cantábrico, el mar Mediterráneo y el océano Atlántico, y la presencia de numerosas cordilleras, sumadas a su enorme superficie, hacen que resulte muy difícil establecer en unas pocas páginas un resumen de la gastronomía española. El centro del país está constituido por una amplia meseta rodeada de macizos montañosos, alrededor de los cuales se extienden, al norte, la cordillera Cantábrica, al oeste, los Pirineos y, al sur, la cordillera Bética, lo cual genera una enorme variedad de climas y paisajes.

Aunque en general la comida tiene sabores fuertes e intensos, existe una clara diferencia entre norte y sur: así, será muy difícil que un plato considerado típico por alguien de Sevilla lo sea también por un habitante de Pamplona.

Herencias culinarias

La cocina española contemporánea debe mucho a sus antiguos colonizadores. Los fenicios, quienes llegaron alrededor del año 1100 a. C., establecieron un asentamiento comercial en lo que es hoy Cádiz y plantaron las primeras parras cerca de Jerez. Esta esquina del suroeste de Andalucía continúa siendo

La riqueza de costumbres y tradiciones en España se manifiesta también en su gran oferta gastronómica.

en la actualidad el principal centro de producción de jerez. Más tarde llegaron los cartagineses, quienes no hicieron sin embargo ninguna contribución culinaria relevante. Luego aparecieron en escena los romanos, que sobre el siglo II d. C. plantaron los primeros olivos e iniciaron así la producción del aceite, que tanta importancia tiene hoy en día. A su implantación y desarrollo contribuyeron también los árabes, que, tras conquistar en 711 casi toda la Península, excepto Asturias y el País Vasco, plantaron numerosos olivares. (La ley árabe seguía vigente en 1492, año en que los monarcas Fernando V e Isabel I se convirtieron en los soberanos de España.)

Los árabes diseñaron e implantaron sistemas de regadío para mantener los cultivos que habían introducido en la Península. Tanto el sistema de explotación de la tierra como las técnicas agrícolas que emplearon se han conservado, aunque con variantes, hasta nuestros días. La gastronomía española experimentó un nuevo cambio de rumbo con la introducción de los cultivos de arroz y la plantación de árboles frutales, como la palma datilera, el naranjo, el limonero, el ciruelo y el almendro, aparte de las especias que provenían de Oriente Medio. Otros productos que se comenzaron a cultivar en la Península fueron las berenjenas, los albaricoques, los melocotones y los membrillos.

La gastronomía española experimentó un decisivo impulso en los siglos XV y XVI gracias a los viajes de conquista. Para Cristóbal Colón, el descubrimiento de las islas caribeñas en 1492 infundió un punto de esperanza en su fracasada búsqueda de una ruta hacia las Indias, que tenía como objetivo romper el monopolio veneciano en el comercio de las caras especias. A su regreso a España, Cristóbal Colón y su tripulación trajeron consigo los tesoros del Nuevo Mundo, que cambiarían para siempre no sólo la cocina española, sino la de Europa entera.

Colón trajo consigo el tabaco, el maíz, la batata, el boniato y el pimiento. En su tercer viaje, realizado en1502, capturó una embarcación comercial maya cargada con granos de cacao, que eran utilizados como elemento de transacción comercial. Al rey Fernando no le impresionó demasiado esta nueva mercancía, y sólo después de 1528, cuando Hernán Cortés trajo a España los instrumentos que los aztecas empleaban para hacer chocolate, este producto se convirtió no sólo en la pasión de la corte sino probablemente también de toda España. El primer cargamento comercial de granos de cacao llegó en1585 y, desde entonces, no ha cesado nunca de importarse. Esta relación de amor continúa hoy vigente en las chocolaterías de casi todos los pueblos y ciudades de España. Colón no vivió lo suficiente para ver su descubrimiento convertido en la bebida caliente que hoy en día hace las delicias de buena parte de los españoles, ya sea como desayuno tradicional o como merienda festiva.

Aunque abundan las recetas de influencia árabe, y a pesar de que se siguen comiendo muchos platos tradicionales, la gastronomía actual no cierra sus puertas a la innovación ni a las nuevas técnicas.

El mercado barcelonés La Boquería, creado en el siglo XVIII, es uno de los más emblemáticos de la ciudad

que venden un excelente marisco, animales recién sacrificados, productos cárnicos curados y deliciosas frutas y verduras. Incluso en las ciudades más grandes se mantiene la costumbre de ir al mercado. Un caso particularmente emblemático es el del mercado barcelonés La Boquería, situado en Las Ramblas, en pleno corazón de la ciudad, cuyo origen se remonta al siglo XVIII. Está abierto la mayor parte del día, pero la actividad comercial comienza realmente a primera hora de la tarde, cuando los lugareños van a comprar de camino a casa. (Los pequeños restaurantes y cafeterías que hay en su interior preparan platos de carne y pescado por encargo y ofrecen económicos menús.) La Boquería, tan animado y refulgente de vida, es sólo uno de los muchos mercados que proliferan en la ciudad. La comida de fusión, donde se combinan las cocinas de diferentes lugares del mundo, apenas tiene cabida aquí.

Comiendo al estilo español

Los españoles saben disfrutar de la gastronomía. La mayoría de la gente que trabaja en las ciudades comienza el día con un desayuno más bien ligero; a menudo es lo único que ingiere hasta la hora del almuerzo, hacia las dos de la tarde; la cena tiene lugar alrededor de las diez de la noche y suele ser la comida más completa del día. La jornada laboral se inicia con un desayuno, rápido y ligero, compuesto por un café y un bollo que se suele tomar en casa o en un bar de camino al trabajo. Las cafeterías siempre tienen cruasanes y bollos frescos a mano y, en Madrid, los churros con chocolate son una auténtica delicia que antiguamente se vendían en todas las esquinas. En la actualidad, estos largos buñuelos fritos en abundante aceite y espolvoreados con azúcar o canela, se sirven en las churrerías o en los cafés junto con una taza de chocolate negro caliente.

Arriba *Cada año, las cigüeñas regresan a sus nidos después de "visitar" otros climas.*

Páginas 14 y 15 *Las casas de tonos cálidos conforman un apacible escenario a orillas del río Ter, en Girona, Cataluña.*

Los supermercados españoles ofrecen una amplia variedad de productos y los restaurantes de comida rápida están por todas partes, pero aún así la tradición de comprar diariamente fruta, verdura y pescado frescos en los mercados continúa vigente. Los días de mercado en las comunidades rurales siguen siendo tan importantes como antaño, con infinidad de puestos

16

Los bares de tapas abren al mediodía y ofrecen un amplio surtido de exquisiteces para tomar antes de la comida

Para la gente que trabaja en las oficinas, las diez o las diez y media suele ser la hora de tomar un café exprés, que a veces acompañan con una pasta o un bocadillo pequeño para combatir el hambre. O también pueden hacer un descanso sobre las once y media o las doce para tomar un tentempié o almorzar, dependiendo de cuándo prefieran hacer la comida principal. Los bares de tapas acostumbran a abrir sus puertas al mediodía y ofrecen un amplio surtido de exquisiteces (ver página 35) para tomar antes de la comida principal del día. Generalmente, las oficinas cierran a la una y media o las dos de la tarde por espacio de un par de horas para permitir que los empleados puedan ir a casa, donde les espera una

comida de dos o tres platos, que tomará con un poco de vino. Un almuerzo típico puede consistir, por ejemplo, en un plato de pasta, una ensalada de verduras y hortalizas del tiempo, un plato de arroz o una sopa fría o caliente, en función de la temporada, seguido de pollo con guarnición, un filete de ternera o alguna variedad de pescado y, como postre, un yogur o una pieza de fruta del tiempo. Las salchichas de cordero con lentejas (ver página 147), un plato típico, es una de las versiones simplificadas del cocido (ver página 32). Después regresan de nuevo al trabajo y,

tras finalizar la jornada, suelen ir a beber algo y a tomar unas tapas con los compañeros del trabajo. La cena puede consistir en una sopa o crema de verduras, como primer plato, seguido de una tortilla o pescado, y fruta fresca. En invierno se suele cenar alrededor de las ocho y media o nueve de la noche y en verano sobre las nueve y media o diez. Si la cena es en un restaurante, la reserva se realizará para las diez o diez y media, y la comida estará compuesta por tres platos y terminará sobre la medianoche, amenizada con algún licor o café.

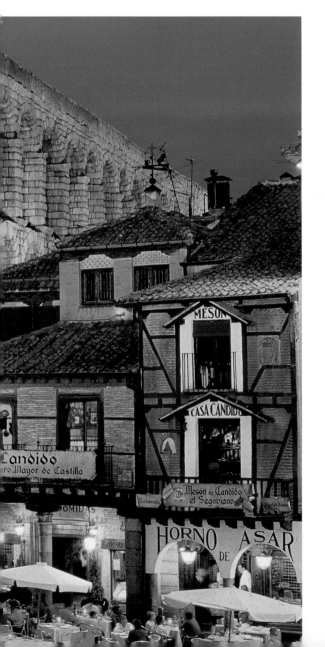

Arriba *Las formas ondulantes y sinuosas de la obra de Gaudí presiden el Parque Güell, en Barcelona.*

Izquierda *Los impresionantes arcos a gran escala forman un original escenario para cenar al aire libre.*

Andalucía es la cuna de muchas de las comidas consideradas típicamente españolas

Las regiones españolas

Para el viajero, la cocina española cambia con el paisaje. Cada región ofrece especialidades locales con ingredientes parecidos, pero tratados de modo diferente, logrando de este modo una gran variedad de sabores. La tortilla española de patata y huevo, sobria y sencilla, es uno de los pocos platos que pueden encontrarse por todo el país, pero incluso en este caso existen distintas variantes regionales (ver página 42). Como es lógico, los complementos naturales de los platos regionales son los vinos locales.

Andalucía

Esta es la tierra del baile flamenco, de las corridas de toros y de la solemne arquitectura árabe. Un plato tradicional de Córdoba, en pleno corazón de la España árabe, es el rabo de toro. Como en ninguna otra parte del país, la cocina regional refleja la herencia islámica en la gastronomía española, con el uso abundante de especias y frutos secos. Andalucía es la cuna de muchas comidas consideradas por los extranjeros como típicamente españolas. El gazpacho de tomate y pimiento, por ejemplo, es una de las sopas frías más conocidas del mundo, como también lo es la jarra de sangría (ver página 253), un ponche de vino tinto con variadas frutas. Las aguas del Mediterráneo proporcionan abundante marisco, y la tierra da sustento a las vides y a los olivares. Las bodegas de Jerez producen el mejor jerez del mundo.

Gracias al calor y a las largas horas de sol, existe una gran abundancia de pimientos dulces, jugosos tomates, aceitunas ricas en aceite y cítricos, además de una deslumbrante y amplia variedad de frutas consideradas exóticas por los europeos del norte, pero que aquí son comunes: higos, granadas, caquis y granadillas. Un plato descrito como "a la andaluza"

tendrá una colorida y refrescante mezcla de pimiento, tomate y posiblemente fruta. Las naranjas de las tierras andaluzas, en especial las sevillanas, tan apreciadas por los ingleses para hacer mermelada, tienen un sabor único y muy característico, y la utilización de su zumo amargo se registra ya en recetas de la Edad Media.

La gran oferta de tapas que existe en todo tipo de restaurantes y de bares sevillanos también es célebre. Las fritangas, como el pescadito frito (ver página 159), son especialmente buenas, y nadie que recorra la Costa del Sol se sentirá decepcionado si pide un plato de calamares fritos en cualquier chiringuito situado al borde de la playa.

Lejos de la costa, en el interior, el terreno es más bien árido, con carreteras de montaña que quitan el aliento y que llegan hasta las cimas, coronadas de nieve, como por ejemplo las de Sierra Nevada. En esta región, en pueblos como Jabugo y Trevélez, podrá encontrar el jamón curado (ver página 32), especialmente valorado en todo el mundo por su carne tierna y salada. Este jamón puede dar un toque especial a los guisos, como en el pollo al pimentón sobre cebollas y jamón (ver página 131), pero para apreciar su verdadero sabor hay que cortarlo en pequeñas lonchas mientras saborea un delicioso fino como acompañamiento.

Aragón

Los pueblos medievales que hay en las cimas de las colinas, con sus rústicas casas de piedra, se elevan sobre este antiguo reino que se extiende a lo largo de los Pirineos. Aquí prosperaron juntas las culturas árabe y cristiana. La región no tiene salida al mar y su clima es variable y áspero: los veranos pueden ser abrasadores y los inviernos, muy fríos, con fuertes nevadas.

Tales condiciones climáticas han propiciado una gastronomía sencilla, pero servida en abundancia, y la influencia árabe sigue vigente, como, por ejemplo, en los condimentados postres de frutas.

Todos los pueblos costeros tienen su puerto pesquero. Los diminutos barcos llevan la pesca diaria a los distintos mercados y restaurantes.

La fértil cuenca a lo largo del río Ebro, cerca de Zaragoza, proporciona verdura, fruta y almendras, y ... un sabroso aceite

Desde hace muchos siglos, los pastores cuidan de las ovejas que pastan en los valles y que producen una carne y un queso deliciosos. Su milenaria tradición ganadera ha hecho que Aragón base parte de su gastronomía en los productos curados, incluyendo el jamón serrano curado al aire y el bacalao secado y salado, que puede transportarse con facilidad sin estropearse. En Aragón también pueden degustarse otros excelentes derivados del cerdo, como la morcilla, que se utiliza para dar sabor al cordero tradicional y al guiso de alubias blancas. La morcilla también se prepara en una cazuela de sidra para cocinar platos parecidos a los que se elaboran en Normandía, en el norte de Francia. Los abundantes y caudalosos ríos han favorecido la aparición de recetas donde la trucha es el ingrediente principal.

En esta región tradicionalmente se comen fuertes guisos de chilindrón, hechos con cordero, pollo o cerdo, como por ejemplo el lomo de cerdo al chilindrón (ver página 140). Estos platos calientes se sazonan de forma generosa con pimientos dulces y secos, y con guindillas.

La fértil cuenca a lo largo del río Ebro, cerca de Zaragoza, proporciona verdura, fruta y almendras, y sus olivares producen un sabroso aceite. La verdura y el aceite son la base de la menestra, un guisado cocinado a fuego lento típico de la zona. Cariñena es especialmente conocido por sus aromáticos vinos tintos de intenso color.

Islas Baleares

Situado en pleno Mediterráneo, el archipiélago balear (Mallorca, Menorca, Ibiza, Formentera y Cabrera) recibió gran parte de sus influencias culinarias de Cataluña, aunque en la actualidad la gastronomía de las islas presenta características propias. Aún así, hay que ir lejos de las concurridas playas y adentrarse en el interior para conocer su gastronomía más tradicional.

Los isleños disfrutan con la comida elaborada de un modo sencillo y utilizan sobre todo verdura fresca y marisco del Mediterráneo, especialmente la langosta. El cerdo está presente en muchas comidas y la manteca se usa para cocinar. La sobrasada, un embuchado de cerdo dulce sazonado con pimiento, es popular en todo el mundo por su suavidad, su textura cremosa y su sabor ligeramente picante.

Las comidas tradicionales de un único plato o las sopas sustanciosas son una fuente de energía para los campesinos y los pescadores. Una sopa mallorquina, por ejemplo, lleva tantas verduras y cerdo que el caldo es muchas veces secundario. La coca mallorquina es la versión local de la *pizza* italiana. Las *coques* (plural de coca en catalán) son fáciles de preparar en casa (ver página 68) y la cobertura puede hacerse con sobras, con pescado enlatado o incluso con verduras.

En Mallorca se cultivan las vides y se produce el vino desde la época romana, pero se exporta poco. Durante la ocupación británica, en el siglo XVIII, las bayas del enebro silvestre se introdujeron en la producción de la ginebra, lo cual continúa vigente en la actualidad.

Aunque los franceses siempre discuten sobre esta leyenda culinaria, los historiadores de la comida española reclaman que fue aquí, y no en Francia, donde se inventó la mahonesa, que el duque Richelieu probó por primera vez en Mahón, la capital de Menorca. Desde la isla se llevó esta cremosa salsa de huevo a París, donde fue bautizada con el nombre de *sauce mahonnaise* (salsa mahonesa). El hecho de que los catalanes ya preparaban una salsa de aceite con ajo, a la que podrían haber incorporado huevo para hacerla cremosa (ver página 232), confiere una cierta credibilidad a esta versión.

La larga tradición católica en España se manifiesta en sus catedrales, lugar de confluencia de clérigos y fieles.

En el País Vasco, el gusto por la gastronomía constituye mucho más que un mero pasatiempo

En Menorca también se elabora uno de los quesos más famosos y apreciados de España, el queso de Mahón: se prepara con leche de vaca pasteurizada y tiene una consistencia suave y cremosa que se endurece con el tiempo.

País Vasco

En esta zona, la gastronomía constituye mucho más que un mero pasatiempo. Se dice que el vasco más que comer para vivir, vive para comer. En el País Vasco se calcula que existe un restaurante por cada mil habitantes, aproximadamente. El hombre tiene un lugar predominante en la cocina vasca; no en vano, hace ya más de un siglo que se establecieron las sociedades gastronómicas masculinas, y en la actualidad siguen gozando de plena actividad. Los vascos son reconocidos en todo el mundo como reputados cocineros.

Como también ocurre con la vecina Francia, los vascos suelen cocinar con grandes cantidades de nata y mantequilla. Esta peculiaridad, junto con su lengua, sus costumbres, su historia y sus tradiciones, les distingue del resto de España. Pruebe así a hacer la *piperrada* (ver página 106) como ejemplo de cómo los cocineros locales manejan los populares huevos españoles, o prepare una leche frita (ver página 222) como postre sustancioso. Aquí fue donde el estilo de la *nouvelle cuisine* francesa se introdujo por primera vez en España y donde se originó con el tiempo la nueva cocina vasca.

El País Vasco cuenta con excelentes materias primas, desde las frescas verduras de Navarra, hasta las setas silvestres de los Pirineos, el pescado y el marisco del golfo de Vizcaya y los vinos aromáticos de Navarra y La Rioja. Los platos de la zona son fáciles de identificar si aparece la denominación "a la vizcaína", que significa que el plato en cuestión contiene cebolla y pimiento (concretamente pimiento choricero, si es picante).

Los vascos cuentan con una rica y dilatada tradición pesquera, por eso el pescado y el marisco del golfo de Vizcaya aparecen a menudo en la mesa. La merluza es popular, además de las angulas, los centollos, las ostras, los mejillones y el atún. El bacalao, salado y seco, sigue siendo el ingrediente preferido, un lejano recuerdo de los días en los que la pesca fresca tenía que ser secada en los barcos lejos de casa. El sencillo bacalao a la vizcaína, con tomate y pimiento, es un ejemplo de la gastronomía local. A los vascos les gusta servir a sus invitados una cazuela de diminutas y delgadas angulas, o crías de anguila.

En el País Vasco la carne de vacuno tiene también un papel preponderante, y está considerada como una de las mejores de España. Las tapas son también una parte muy importante de la cultura vasca. Una cena es reemplazada, a menudo, por un surtido de variadas y deliciosas tapas, que allí se llaman "pinchos".

Islas Canarias

Estas islas volcánicas situadas en medio del océano Atlántico, que incluyen Gran Canaria, Fuerteventura Tenerife, Lanzarote, La Palma, Gomera y Hierro, están más cerca del continente africano que de la península Ibérica, por lo que suelen gozar en general de un clima de tipo tropical. Cuando entre el siglo XV y el siglo XVI los españoles emprendieron su viajes de exploración en busca de riquezas en otros lugares del planeta, las Islas Canarias, que habían pasado a formar parte de la corona española en el año 1496, se convirtieron en una parada obligada de los barcos antes de emprender sus largas travesías.

En este archipiélago crecen en abundancia distintos tipos de frutas y hortalizas, como los tomates y los plátanos, que luego se exportan a toda Europa.

Los platos locales más característicos incluyen las empanadas, unos excelentes tentempiés de verduras y carne en un pastel de pasta, y las comidas sencillas. Las papas arrugadas (ver página 84) se sirven con mojo, una salsa picante hecha a base de vinagre y

Los olivos crecen sin dificultad en terrenos aparentemente áridos y a menudo bajo un sol abrasador.

pimiento. El plato recibe este nombre por el aspecto rugoso de las patatas tras ser hervidas en agua con sal. La salsa de mojo rojo (ver página 84) es una de las más típicas y tradicionales, aunque también existe otra variante, la llamada salsa de mojo verde, que lleva cilantro. Un plato de tradición ancestral es el gofio, hecho a base de granos tostados de trigo, cebada y maíz, al que a menudo se añaden también garbanzos. Una vez que la masa se había transformado en un pan sin levadura, se servía a los agricultores antes de comenzar las labores del día, o también se usaba esta mezcla para espesar sopas y guisos.

La caballa fresca, el atún y las sardinas son muy populares en la cocina vasca, y generalmente se suelen servir asadas a la parrilla con aceite de oliva y ajo, o bien combinados en un guiso.

La caña de azúcar, introducida originalmente en el siglo XVI a raíz de los viajes de descubrimiento, crece en la ceniza volcánica y los lugareños la emplean para producir ron, dando así a las islas un toque caribeño.

Castilla-La Mancha y Madrid

En la árida y vasta meseta central de Castilla-La Mancha es donde el universal personaje ideado por Miguel de Cervantes, Don Quijote, arremetía contra los molinos de viento que dominan este arduo paisaje creyendo que se trataba de gigantes. El nombre de La Mancha proviene de la palabra árabe *manxa*, que significa "seco", y describe a la perfección esta tierra seca y endurecida por el sol que, en verano, suele ser implacable. Actualmente, aquí se cultivan algunos de los ingredientes españoles más refinados, como por ejemplo el caro azafrán (ver página 33), las vides o los olivos.

Si uno pasa, camino a Madrid, por los aislados y a menudo desérticos pueblos de escasos habitantes de Castilla-La Mancha se da cuenta de las duras y severas condiciones que presenta el terreno. La comida es en general sencilla y resulta especialmente adecuada para compensar el degaste energético producido por los trabajos de la tierra. La oferta de carne es muy variada, sobre todo la de cordero y la de caza. Las ollas, estofados de carne y judías, constituyen una copiosa comida servida en un tradicional puchero (ver página 32), y parece que sus orígenes se remontan como mínimo al siglo XVI. Así lo atestigua al menos Cervantes por boca del legendario Don Quijote, que asegura en un determinado pasaje de su célebre novela haber cenado una olla compuesta por "más vaca que cordero".

Los huevos constituyen un alimento indispensable dentro de la oferta gastronómica de la región. La tortilla (ver página 42) y los huevos a la flamenca

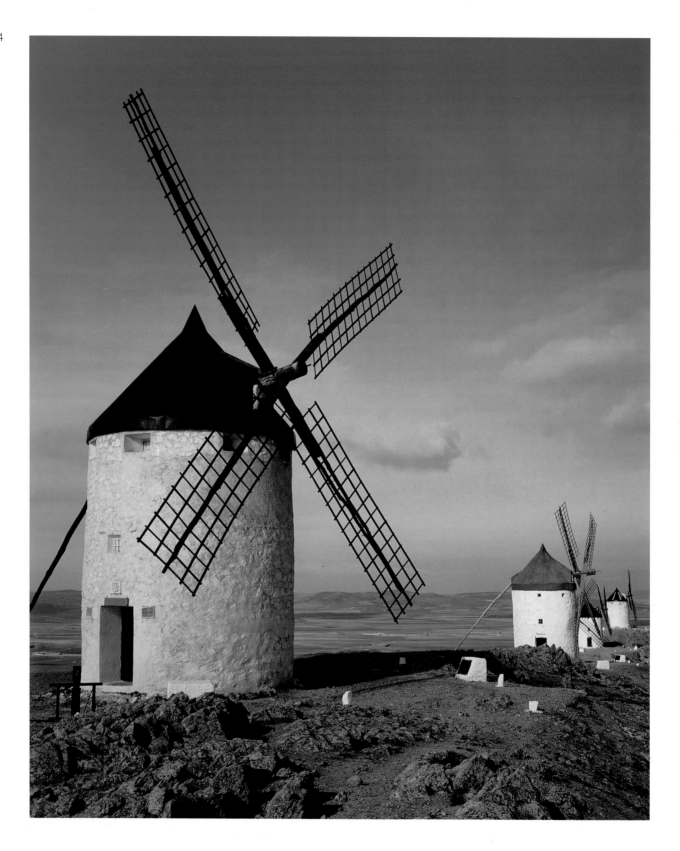

(ver página 177) son platos típicos de La Mancha. La verdura se cuece lentamente en el pisto manchego, al igual que en el *ratatouille* francés. El gazpacho que se prepara en esta zona –la sopa regional que se espesa con pan–, proporciona un reconfortante alimento para combatir los duros vientos que recorren la llanura, y es muy versátil, ya que admite casi cualquier ingrediente, tanto carne como verdura. Este variante del gazpacho difiere mucho del gazpacho andaluz, que se sirve frío.

La ciudad histórica de Toledo, con sus concurridas calles, es la cuna del mazapán español (ver página 225), que fue "inventado" por los pasteleros árabes en el siglo XIII. Hoy en día, numerosas tiendas venden pequeñas figuras del Nacimiento hechas de mazapán, y en España suelen comerse especialmente durante la festividades de Navidad.

El pueblo de Consuegra, un importante centro productor de azafrán (ver página 33), celebra hacia fines del mes de octubre la fiesta de la Rosa del Azafrán con motivo del fin de la recolecta de esta especia.

En La Mancha también se localiza la región vinícola más grande de España, con una producción de vinos excelente, como el elaborado en Valdepeñas, aunque gran parte del vino de la zona suele ser de mesa.

En la ciudad de Madrid, sin embargo, la comida es más copiosa, y a menudo constituye un reflejo de los vínculos históricos de la capital con las cortes reales. Las comidas parecen estar más pensadas para gozar que para llenar el estómago, y los numerosos bares de tapas alrededor de la Plaza Mayor son agradables lugares de encuentro de madrileños y turistas.

Si quiere conocer el sabor de la cocina tradicional de la capital, pruebe el cocido madrileño, un puchero que se sirve en tres platos. La comida comienza con una sabrosa sopa de arroz cocido. Después se sirve la verdura en una fuente: col, zanahorias, patatas y tiernos garbanzos. Y, por último, se ofrece una selección de carnes, previamente cocidas. Una combinación típica podría ser la formada por carne

La amplia y árida Meseta Central, con sus famosos molinos de viento, es la cuna de los platos de carne y de las alubias preparados de un modo sencillo.

En La Mancha también se encuentra la región vinícola más grande de España, con una producción de vinos excelente, como el de Valdepeñas

de vacuno, chorizo y lomo de cerdo, y pollo, todo ello acompañado de albondiguillas No es de extrañar, pues, que a estos tres platos se les llame sota, caballo y rey, porque con cada uno aumenta la nobleza de la comida.

Castilla y León y La Rioja

Las regiones de Castilla y León y La Rioja mantienen fuertes lazos, no sólo desde el punto de vista histórico, sino también gastronómico. Ésta es la tierra de los asados. Para muchos, la carne más tierna de España proviene de aquí, en especial de los alrededores de Segovia. Las más apreciadas suelen ser la de cochinillo y la de lechazo, asadas tradicionalmente en esta región desde el siglo XV. Los animales se sacrifican a las tres semanas de nacer, y se dice que su carne, una vez asada, resulta tan tierna que podría cortarse con el borde de un plato. Los hornos que tradicionalmente se utilizaban eran los abovedados de adobe, en los que estas delicias se sujetaban en una vara de hierro sobre la parrilla para asarlas. Estos hornos se hallaban en las panaderías, ya que los de las granjas eran demasiado pequeños como para poder asar todo el animal.

Los españoles suelen acompañar todas las comidas con pan, por eso nunca se considerarán completas si falta este ingrediente. Durante siglos, los peregrinos que iban camino de Santiago paraban en Astorga para disfrutar de las mantecadas, de las que se dice que son "una gran masa en la mano y una luz en el estómago". Compañeros ideales del pan son los sencillos estofados de legumbres y verduras, que antaño se comían casi a diario. La sopa de ajo, que tradicionalmente era una comida de campesinos a base de ajo, huevo y pan, aparece hoy en los menús de todos los restaurantes.

La costumbre andaluza de conservar determinados ingredientes en escabeche, es decir, en vinagre, se

Los cocineros del resto de España miran con cierta envidia las delicias que los chefs catalanes obtienen del Mediterráneo y de los Pirineos

adoptó y se perfeccionó aquí, y todos los alimentos, desde la verdura hasta la caza, suelen conservarse en general de este modo. Puede experimentar el sabor fresco de este tipo de conserva con la caballa en escabeche (ver página 53) o también con las verduras en escabeche (ver página 139).

La Ribera del Duero, la región vinícola de Castilla y León situada a lo largo y ancho del río Duero, se extiende desde Portugal hasta Madrid y produce principalmente vinos tintos delicados. La combinación de tierras fértiles con terrenos montañosos hace de La Rioja, cuyo nombre viene del río Oja, la cuna de los vinos aromáticos, tanto blancos como tintos, algunos de los cuales se encuentran entre los mejores de España. Aquí se ha estado produciendo y exportando vino a gran escala desde el tiempo de los romanos y hasta la actualidad, pero muy especialmente a finales del siglo XIX, cuando una epidemia de filoxera devastó gran parte de los viñedos franceses y la exportación y difusión de este vino local se vio muy favorecida.

Sorprendentemente, los vinos no aparecen mucho en la cocina, exceptuando el famoso postre de fruta cocida en vino. Una receta "a la riojana" no significa que el plato incluya vino, sino que los pimientos son su principal ingrediente; no en vano, La Rioja es el principal centro del cultivo de pimiento del país. (Los pimientos que utilizan los cocineros españoles son los alargados y puntiagudos, de sabor infinitamente más dulce y sabroso que los pimientos que se cultivan en los invernaderos del norte de Europa. Trate de comprar la variedad puntiaguda, descrita como los pimientos al estilo mediterráneo en la mayoría de supermercados.) La comida de esta zona, sencilla y condimentada,

incorpora a menudo alubias y pimientos, como por ejemplo la caldereta de cordero con garbanzos (ver página 144). Los espárragos y los cardos también se cultivan en La Rioja, y la menestra riojana consiste en un excelente estofado de verduras cocidas a fuego lento. El característico sabor de los platos riojanos viene de la combinación del ajo, el aceite de oliva, la cebolla, los frutos secos y los tomates que se cultivan en toda la región.

Cataluña

Barcelona, la segunda ciudad más grande de España y capital de Cataluña, está considerada por muchos como la capital gastronómica del país. Si uno se aleja de los restaurantes turísticos del puerto, comerá y beberá mejor y por menos dinero que en muchas otras grandes ciudades europeas. La cocina catalana no está muy elaborada ni condimentada, y se elabora a partir de los productos frescos de temporada; por otro lado, se trata de una cocina con una larga historia. El restaurante Can Culleretes, por ejemplo, es uno de los más antiguos y sus orígenes se remontan al año 1786. Precisamente a un catalán se le atribuye la autoría del libro de cocina más antiguo publicado en España, a principios del siglo XVI.

La cocina catalana se distingue por cuatro salsas clásicas que constituyen la base de los platos más elaborados. El *sofregit* se hace con cebolla y tomate cocinados a fuego lento; en algunos casos incorpora también ajo. Esta salsa se utiliza como base de un buen número de platos. La *picada* es una combinación de picatostes, ajo, aceite de oliva y frutos secos majados en un mortero. Se utiliza en general para espesar y dar sabor a muchos platos. La *samfaina* es la versátil versión catalana de la *ratatouille* y se añade a los guisos para darles un mayor sabor, o a veces puede comerse incluso aparte como plato de verduras. El *allioli* (ver página 232) es una mahonesa con ajo que se sirve como acompañamiento en gran parte de platos, desde las patatas fritas hasta los guisos de marisco. Algunos especialistas reivindican que la salsa *romesco* (ver página 233), una mezcla de almendras tostadas, *romesco* o guindilla local seca y tomate, que

países que luego llegan al resto de España. Un simple vistazo al mercado de La Boquería puede dar una idea de la variedad de productos de que disfrutan los barceloneses.

El pescado fresco que se extrae del Mediterráneo presenta una gran riqueza. El arroz negro (ver página 122) es una especialidad regional de calamar y arroz, sazonada y coloreada con la tinta negra del calamar. El bacalao a la catalana (ver página 169), compuesto de piezas de bacalao servidas sobre espinacas jóvenes frescas con pasas y piñones, refleja la influencia árabe de algunos platos, especialmente por el uso de frutos secos. La fideuá, una cazuela típica de marisco hecha con fideos, es un popular plato de restaurante difícil de hacer bien en casa. El *romesco* de pescado es una de las muchas versiones de guiso de marisco, que en Cataluña se hace con alubias blancas y se sazona con una generosa cantidad de *romesco* (ver página 233) al finalizar.

Incluso hoy en día, los cocineros catalanes son unos auténticos expertos preparando el bacalao seco y salado. Una especialidad genuinamente catalana es la *esqueixada*, una ensalada cruda de bacalao aliñada con aceite de oliva virgen extra y vinagre, y decorada con tomates finamente troceados (ver página 89).

Asar en la parrilla, o en la barbacoa, es una popular forma de cocinar, ideal para la carne y el pescado. La llegada de la primavera viene señalada por los *calçots*, una variedad de cebolletas, asados.

Cantabria

El golfo de Vizcaya ofrece una gran abundancia de atún, bonito, sardinas y boquerones a los cocineros de esta pequeña región que se extiende a lo largo de la Costa Verde, mientras que de las aguas del interior extraen el salmón y la trucha.

Santander es un destino gastronómico habitual de muchos españoles y europeos del norte. A su vez, toda la región cuenta con numerosos restaurantes donde se cocina de un modo tradicional el marisco y el pescado.

acompaña a los platos locales de marisco, debería ser también incluida en la lista.

Los cocineros del resto de España miran con cierta envidia las delicias que los catalanes obtienen del mar Mediterráneo y de los Pirineos. Los productos son abundantes y variados, desde las setas alpinas hasta los crustáceos recién salidos del mar, además de una gran cantidad de cereales, fruta, verdura, aceitunas y aceite, carne de cerdo y caza. (La grasa del cerdo sustituye al aceite de oliva en muchas recetas tradicionales catalanas.) Y, por supuesto, debido a su condición de ciudad porturia, por Barcelona pasan gran parte de los productos y mercancías de otros

Al mismo tiempo, en el menú también se encuentra una amplia variedad de carnes asadas a la parrilla. En los huertos de la región crecen las manzanas que luego se utilizarán en las dulces tartas y en los pasteles locales.

La leche es un ingrediente habitual en la cocina, y los sabrosos postres incluyen la leche frita (ver página 222) y los cremosos pudines de arroz, como el arroz con leche (ver página 196).

Extremadura

En esta comunidad autónoma, que está integrada por las provincias de Cáceres y Badajoz, y que limita con Portugal, se encuentran abundantes granjas, donde se producen algunos de los derivados de cerdo más valorados del país. A los cerdos ibéricos de pata negra

Los eventos sociales relajados y distendidos, como esta actuación al aire libre, constituyen un aspecto muy característico del estilo de vida español.

se les alimenta con los frutos del alcornoque y de la encina, que dan sabor a la pata de carne, curada con sal y al aire para transformarla luego en el delicioso y apreciado jamón ibérico (ver página 32), como los jamones de Montánchez.

Del cerdo no se suele desperdiciar nada. De sus tripas, sazonadas con pimiento local, se obtiene por ejemplo el chorizo.

En la región extremeña existe una producción de pimiento considerable, y el pimentón de la Vera tiene denominación de origen, lo cual es una garantía de su calidad.

Galicia

Está situada en la esquina noroccidental de España, frente al océano Atlántico. Su costa es la más larga de España y su puerto pesquero principal, el de Vigo, es el mayor de Europa. Por este motivo, el pescado y el marisco están muy presentes en su cocina. Las ostras, las almejas y las vieiras locales son muy célebres, y el pescado del Atlántico, como el lenguado, la caballa y la lubina, es también muy apreciado. La variante local del guiso mediterráneo más famoso, la *bouillabaisse*, es la caldereta de pescado.

Siguiendo una tradición que se remonta a la Edad Media, los peregrinos que llegan a la imponente catedral de Santiago de Compostela llevan consigo una concha de vieira, símbolo del apóstol, patrón de España, en cuyo honor celebran el 25 de julio animados festejos, en los que se puede degustar una amplia oferta gastronómica, que incluye la tradicional tarta de Santiago (ver página 218).

Sus verdes y exuberantes pastos proporcionan alimento a un abundante ganado. Como en Portugal, el marisco y la carne se combinan en guisos cocidos a fuego lento, como las almejas con cerdo. Los cocineros gallegos también utilizan mantequilla y manteca de cerdo para dar riqueza a los platos.

Los pimientos de Padrón, unos pequeños pimientos verdes que se fríen hasta quedar crujientes (ver página 49) crecen aquí. El queso de tetilla, un queso de leche de vaca con forma de pecho, también viene de Galicia

Los vinos blancos secos que se producen en los viñedos de Galicia son los complementos ideales de los platos de marisco y los tintos secos constituyen un perfecto acompañamiento para los sabrosos platos de carne.

El Levante

Esta fértil región situada frente al Mediterráneo, entreAndalucía y Cataluña, comprende las provincias de Valencia, Alicante y Murcia. Aquí se cultiva la fruta y la verdura que luego se exporta al resto de España y a gran parte de Europa. Valencia es la tierra del arroz. Los arrozales que hay alrededor de la laguna de la Albufera, al sur de la ciudad de Valencia, producen

La paella es el plato más famoso de Levante y aparece en guías de viaje desde el siglo XIV

toneladas de arroz de grano corto con las que se abastece a la mayoría de la población. El fino arroz de Calasparra, en Murcia, goza de un gran prestigio y se cultiva en terrazas construidas por los árabes en el siglo XII. La paella es el plato más famoso de la región y aparece en guías de viaje desde el siglo XIV. Este clásico plato de arroz, que tradicionalmente se cocinaba fuera de las casas y que, servido sin carne, era un plato típico de las fiestas de Cuaresma, recibe su nombre de la sartén poco profunda y con dos asas en la que se cocina: la paella. En cualquier mercado puede encontrar paellas que van desde los 30 cm de diámetro hasta algunos metros, lo suficientemente grandes como para alimentar a un pueblo entero. Las paellas, con sus laterales inclinados, cuentan con una gran superficie, así el líquido se evapora antes de que el arroz se pase, y también se asegura una distribución uniforme del calor mientras se está cociendo. Las paellas se suelen comprar en las ferreterías, aunque también puede utilizar una cazuela de arcilla resistente al fuego o de hierro fundido, o una sartén grande poco profunda con un mango refractario.

La paella se puede elaborar con pescado, marisco, carne o verdura. El plato es ideal para un gran número de comensales, pero para hacer una buena paella necesitará tiempo y concentración. (Si quiere una alternativa rápida, pruebe a hacer la receta de arroz con chorizo y gambas, en la página 125.)

Otra especialidad de arroz es el *allipebre*, o ajo y pimentón, aunque el nombre no da pistas sobre su ingrediente principal, la anguila. Antiguamente, los pescadores preparaban el arroz a banda de pescado para comerlo a bordo de los barcos pesqueros, pero ahora, sin embargo, en los restaurantes se elabora con azafrán y se sirve en dos platos: primero el arroz y después el pescado con *allioli* (ver página 232).

Los elegantes palmerales de Elche son únicos en Europa

Otro aspecto típico del Levante español son los platos de pescado horneados en sal, en los que se aplica una gruesa "envoltura" para mantener la humedad y la frescura. Durante el tiempo de cocción, la cubierta se hace tan dura que a menudo tiene que romperse con una maza en la mesa.

La combinación de arroz y judías de la receta de moros y cristianos (ver página 182) es una herencia de la antigua época de enfrentamientos entre los musulmanes, dueños del territorio, y los cristianos, quienes, capitaneados por el valeroso Cid, lograron finalmente expulsarlos.

De Valencia destacan las naranjas y los limones, que se encuentran en muchos platos. Las naranjas de esta zona son el mayor producto de exportación de España y gozan de un enorme prestigio internacional. La expresión "a la valenciana" designa la combinación de patatas con naranjas. La tradición de cocer el pescado y el marisco en zumo de naranja se remonta a la Edad Media. Pruebe, por ejemplo, la ensalada de naranja e hinojo (ver página 109) para poder degustar uno de los platos típicos de la región.

Con la leche que se extrae de un pequeño tubérculo que se cultiva aquí llamado *chufa*, se elabora la horchata, una bebida de suave sabor.

Murcia es la tierra de los jugosos tomates rojos, de las grandes alcachofas con forma de globo y de otras deliciosas verduras y suculentas frutas que crecen en esta tierra casi árida, alejada de la costa, gracias a los sistemas de regadío desarrollados por los árabes. Aquí encontrará coloridas ensaladas en las que se utilizan una gran variedad de productos, como la ensalada de pimiento (ver página 178) y la ensalada de atún y judías (página 181). Las diminutas alcaparras, que dan un toque agrio a muchos de los platos mediterráneos, también crecen aquí, y se suelen conservar en sal o aceite. Además de tener una importante agricultura extensiva, la región es a su vez uno de los mayores centros de producción nacional de enlatado de verduras. Con sólo echar un simple vistazo a las estanterías de los supermercados puede hacerse una idea de la importancia de esta industria.

Los elegantes y suntuosos palmerales de Elche son únicos en Europa y de ellos se obtiene el ingrediente principal de recetas dulces como los dátiles rellenos de melindres (ver página 225).

Los platos tradicionales de pescado y marisco han sido siempre característicos de esta soleada costa mediterránea, como la merluza, el atún, la dorada y los langostinos gigantes. Pero, a pesar de la gran cantidad de pescado fresco que existe, la especialidad local sigue siendo la mojama o cecina de atún azul curado con sal.

Navarra

Situada entre La Rioja y Aragón, en esta región se cocinan los famosos chilindrones de cordero con pimientos del piquillo o choriceros, que florecen en los márgenes del río Ebro. La carne de cordero y la de cerdo son muy apreciadas, y la de vacuno se destina más al ruedo que a la mesa. En Pamplona, durante los populares encierros de la fiesta de San Fermín, en el mes de julio, se sirve el característico pastel de conejo.

El espárrago blanco que se cultiva en primavera es una delicia. Las humildes migas, trozos de pan frito, han pasado de ser una simple comida de labriegos a servirse como tapa en todos los bares; también se suelen consumir acompañadas con salsa de chocolate o uvas.

Los menús de los restaurantes ofrecen a menudo las llamadas truchas a la navarra, que son truchas de río escabechadas en fuertes vinos tintos locales con hierbas y especias, y cocidas en su marinada. Los pastores, sin embargo, sencillamente fríen las truchas recién pescadas en sartenes sobre un fuego abierto de hierbas silvestres, y añaden dados de jamón serrano para darles un mayor sabor.

Los hoteles situados frente el mar reciben la afluencia de turistas y veraneantes llegados de todas partes.

En la cocina española

Aceite de oliva Es un ingrediente fundamental en la cocina española. Se utiliza en casi todos los platos, tanto para dar sabor como para conservar, y constituye la fuente principal de grasa de muchas recetas para las que otros países utilizan grasa animal. España es el mayor productor mundial de aceite de oliva. Un estricto etiquetado describe los distintos grados, que están determinados por el proceso utilizado para extraer el aceite y la cantidad de ácido oleico que contienen. El de mejor calidad es el aceite de oliva virgen extra, que se obtiene durante el primer prensado en frío. El aceite de oliva virgen también se prensa en frío, pero no es tan puro como el virgen extra. El aceite de oliva a secas es una mezcla de aceites de oliva vírgenes y refinados. También se exporta al extranjero, donde es más difícil de encontrar que el virgen extra. Hay que tener en cuenta un pequeño punto si se utilizan los mejores aceites vírgenes extra para freír: los sabores más sutiles se pierden por el calor intenso, por eso resérvelos para aliñar las ensaladas o para marinar.

Aceitunas Los españoles tienen la suerte de poder elegir entre una gran variedad de aceitunas, que a menudo se sirven en un cuenco o a veces en forma de tapa. Mientras que muchas otras frutas contienen una gran cantidad de agua, las aceitunas tienen aceite. Se cultivan más de 50 variedades, y más de la mitad de las que se destinan para comer, y no para prensar, provienen de Andalucía. Entre las variedades de aceituna destacan la aragón, pequeña, de piel suave, negra y pálida, con un toque rosado; la arbequina, pequeña, redonda y de color verde pálido; la cacereña, pequeña, negra, de carne firme; la gordal, muy larga, verde, de mucho sabor, y la manzanilla, pequeña, verde, gorda y carnosa, que a menudo se sirve rellena de anchoas, pimientos o pequeñas aceitunas troceadas.

Ajo Este ingrediente se utiliza en muchas de las recetas típicamente españolas. Las desérticas y áridas llanuras de La Mancha son la cuna de la producción de este cultivo en España. Compre las cabezas duras y gordas con los gajos blancos y guárdelas en un lugar fresco y seco. El bulbo se conserva fresco durante un mes, pero si ya se ha empezado la cabeza, los dientes comenzarán a secarse, por lo que deberá utilizarlos en un plazo de diez días.

Almendras Estos sustanciosos y cremosos frutos aparecen en casi toda la cocina española, tanto salada como dulce. Los árabes introdujeron los almendros y los plantaron inicialmente cerca de Granada, en Andalucía. En su versión más simple, un plato de almendras puede ser una tapa. Las almendras molidas se utilizan como agente espesante o como sustituto de la harina en algunos postres, pero especialmente en los dulces, como en el turrón. Las almendras se vuelven rancias rápidamente debido a su alto contenido graso. Por este motivo, es preferible que las guarde en un lugar fresco o directamente en el frigorífico.

Arroz El grano de arroz corto se cultiva en las llanuras costeras del Levante y es un ingrediente de uso diario en muchas cocinas españolas. Es el ingrediente básico de la paella (ver página 112) y de otros platos de arroz. La forma tradicional española de cocer el arroz es única, porque no se cubre ni se remueve durante la cocción, generando platos muy distintos de los *pilafs* de grano largo o de los cremosos *risottos*. Todas las recetas de arroz, excepto el arroz con chorizo y gambas (ver página 125), han sido elaboradas con arroz de Calasparra. Puede sustituirlo por el arroz de grano corto que se vende en los supermercados como "arroz para paella". Para el arroz con chorizo y gambas se ha utilizado la nueva variedad de cocción rápida.

Azafrán El tono dorado y el característico sabor del azafrán son inconfundibles en platos españoles tan típicos como la paella y la zarzuela (ver página 156). El azafrán fue introducido por los árabes durante la conquista de España a comienzos del siglo VIII. Se compone de los estigmas del croco, y es la especia más cara del mundo porque el laborioso proceso de arrancar los estigmas, de color rojo oscuro, de la planta (*Crocus sativus*) se realiza a mano. Hacen falta más de 75.000

estigmas para producir 450 gramos de azafrán. En algunos pueblos de La Mancha existe hoy en día una gran poducción de azafrán, que luego se exporta a gran parte del mundo. La recolección del "oro rojo" tiene lugar en octubre y en ella participan todos los habitantes del pueblo. Una vez que se han sacado los estigmas, se tuestan rápidamente para almacenarlos luego en un contenedor hermético. El aroma llega a mantenerse fresco unos tres años. La cúrcuma es un sustituto aceptable y menos caro pero, a pesar de dar también un maravilloso color dorado, su sabor y su aroma no son en absoluto similares a los del azafrán.

Chorizo España tiene una maravillosa y variada selección de embutidos curados y crudos, el más famoso de los cuales es el chorizo. Todos los chorizos están hechos con carne de cerdo y pimentón, que se obtiene de los pimientos choriceros. Las variantes de este embutido son casi infinitas y pueden ser desde gruesas o finas, hasta ahumadas, sin ahumar o con sabor dulce o picante.

Cocidos Estos sabrosos guisos se realizan en casi todas partes de España y cuentan con numerosas variantes regionales, la más famosa y conocida de las cuales es el cocido madrileño, servido en general en tres platos (ver página 25).

Garbanzos Del Nuevo Mundo trajeron los exploradores españoles esta legumbre de ligero sabor a nuez, sabrosa y redonda. Si están secos, deberá ponerlos en remojo durante toda la noche y cocerlos luego para que se ablanden. Para ahorrar tiempo, en general se compran de bote en los supermercados o establecimientos especializados, o inluso ya remojados.

Jamón En España se viene produciendo jamón desde hace dos mil años. El jamón serrano es el término genérico para la pata de cerdo curada con sal y secada en las regiones montañosas. Los jamones más apreciados son los que se obtiene del cerdo ibérico, particularmente de los alrededores de Jabugo, Lérida, Montánchez, Teruel y Trevélez. El largo tiempo de maduración que requiere, sumado a su exigente y prolongado cuidado, es una de las principales razones por las que el mejor jamón suele tener un coste elevado. El jamón más barato se utiliza para cocinar, mientras que el de mayor calidad suele servirse solo.

Pimentón El color naranja rojizo y el sabor terroso, de dulce a picante, del pimentón está presente en muchos platos e ingredientes típicamente españoles. El pimentón es el fino polvo que se desprende de los pimientos rojos. El grado de picante y la intensidad del color dependen de la variedad del pimiento. Hungría es también uno de los mayores productores de pimentón, pero la variedad española suele ser más suave y ligeramente más dulce, aunque también tiene algunas clases muy picantes.

Pimientos picantes El picante de un plato español proviene en general de los pimientos rojos picantes, aunque no suelen ser un ingrediente muy frecuente en la cocina española. Los fuertes platos de montaña del norte están sazonados con diminutas guindillas, los pimientos más picantes de todos. Los pimientos de *romesco*, más dulces, aunque también hay alguna variedad picante, se utilizan en la salsa catalana *romesco* (ver página 233), pero como no siempre se pueden conseguir a menudo se usa como sustituto el pimiento ñora (o *nyora*). El pimiento choricero proporciona a los platos el sabor y el color rojizo del chorizo.

Queso Si bien el manchego, el célebre queso de leche de oveja de La Mancha, es para mucha gente el único queso de España, lo cierto que existe una selección amplia y variada: desde quesos tradicionales de leche de vaca, de oveja y de cabra, hasta leches mezcladas. Algunos expertos incluso afirman que España cuenta con una producción de quesos propios mayor que la vecina Francia, aunque muchos de ellos son regionales y no se exportan.

Turrón Esta delicia con sabor a miel se parece al guirlache. Su principal centro de producción se halla, desde tiempos de los árabes, en Jijona, en las colinas de Alicante. Las dos versiones, la blanda y la dura, apenas han variado desde que empezaron a producirse hace muchos siglos.

TAPAS Y ENTRANTES

Una de las mejores cosas que se pueden hacer en España es probar la asombrosa variedad de tapas que se sirven en todos los pueblos y ciudades. Su preparación, degustación y disfrute son experiencias únicas. Los italianos tienen los *antipasti*, los franceses los *hors d'oeuvres*, y un *mezze* griego puede consistir en una muestra de aperitivos, pero ninguna otra cultura tiene algo parecido a las tapas.

Las tapas son una auténtica institución en toda España. Son pequeños bocados que se suelen tomar con alguna bebida y que pueden ir desde un simple cuenco de aceitunas, almendras o avellanas hasta unos pimientos rellenos o una tortilla.

Las tapas pueden estar hechas de marisco, carne, huevos y verduras, y pueden servirse tanto calientes como frías. En el mundo de las tapas sólo existen un par de convenciones que se aplican de forma universal. Así, la mayoría de los bares suelen abrir a la hora del almuerzo por espacio de varias horas, y de nuevo unas horas más tarde, coincidiendo con el fin la jornada laboral. Para alguien de Bilbao, ir de pinchos con los compañeros de trabajo suele ser un anticipo de lo que se comerá más tarde en el hogar, mientras que para alguien de Madrid las tapas pueden constituir una comida completa.

En la mayor parte del país, la selección diaria de tapas se muestra en la barra de los bares. El camarero colocará en un plato las que usted haya elegido, y podrá degustarlas de pie en la barra o sentado en una mesa. En el norte de España, sin embargo, puede tomar las tapas usted mismo y pagar una vez haya acabado, en función del número de platos, palillos o pequeños tenedores de madera que haya utilizado para pinchar los diminutos bocados de vieiras asadas, caracoles en aceite o pulpitos a la gallega. En Barcelona y otras grandes ciudades proliferan los bares de tapas de "comida rápida", acompañadas a menudo de sus correspondientes fotografías, lo cual resulta muy útil si no sabe exactamente qué contienen.

La palabra "tapa" significa tapadera o cubierta, y parece que su nombre proviene de la antigua costumbre de poner un trozo de pan con jamón o queso encima del vaso de vino para impedir que cayeran moscas dentro, mientras se atendía a los cansados viajeros que llegaban tras un duro trayecto a caballo. Antiguamente, la tapa se ofrecía de forma gratuita con la bebida, pero hoy esta tradición se ha perdido en muchos lugares.

Existen distintas tipos o categorías de tapas. Dentro de las "cosas para picar" se incluyen aquellas que se pueden comer con los dedos, como las aceitunas aliñadas (ver página 47), las almendras al pimentón (ver página 50), los pimientos fritos (ver página 49), la tortilla española (ver página 42) y los montaditos (ver página 93). Los "pinchos", más grandes, están atravesados por un palillo, como los pinchitos de chorizo y champiñones (ver página 74), los higadillos al jerez (ver página 28) o también las albondiguitas

Se cree que las tapas reciben su nombre de la antigua costumbre de poner un trozo de pan con jamón encima del vaso de vino para impedir que cayeran moscas dentro

con salsa de tomate (ver página 77). Las "cazuelas" son los característicos recipientes de barro utilizados por los cocineros de toda España, y las tapas que se sirven en estos platitos toman su nombre. Su vasta oferta incluye las gambas al ajillo con limón y perejil (ver página 64) y las habas con jamón (ver página 81). Las "raciones" son las tapas más generosas, en cuanto a cantidad, de todas: una buena selección de ellas puede sustituir con facilidad una comida.

Páginas 40 y 41 *España, con su inmensa variedad de paisajes, es mucho más que sol y playas.*

tortilla española

Es difícil encontrar un bar de tapas o un restaurante en España en el que no se sirva esta gruesa y firme tortilla, de delicioso sabor a pesar de su sencillez. Casi todos los cocineros logran que parezca fácil dar la vuelta a una dorada tortilla. Hace mucho tiempo se decía que las jóvenes campesinas podían ver incrementadas sus posibilidades de contraer pronto matrimonio si eran capaces de hacer una tortilla excelente.

Esta receta hecha con huevo, patata y cebolla, es un auténtico clásico. No obstante, existen otras versiones de esta tortilla, cuyos nombres dan una pista de su lugar de origen y de los ingredientes que contienen: la tortilla murciana tiene pimientos rojos y tomates; la catalana, butifarra local y judías, y la tortilla de berenjenas es una versión andaluza.

PARA 8-10 PORCIONES

125 ml de aceite de oliva

600 g de patatas peladas y cortadas en rodajas finas

1 cebolla grande cortadas en rodajas finas

6 huevos grandes

sal y pimienta

perejil para decorar

1 Caliente el aceite en una sartén. Reduzca el fuego y añada la patata y la cebolla. Fríalas durante unos 15 minutos, hasta que las patatas estén tiernas.

2 Bata los huevos y salpiméntelo. Escurra la patata y la cebolla sobre un recipiente refractario para conservar el aceite. Añada la patata al huevo y, con cuidado, mézclelo. Déjelo reposar unos 10 minutos.

3 Con una cuchara de madera o una espátula quite los pequeños trozos que hayan quedado pegados en el fondo de la sartén. Vuelva a calentarla a fuego medio con 4 cucharadas del aceite reservado. A continuación, añada la mezcla del huevo y repártala sobre la superficie, distribuyendo las patatas y la cebolla en una capa uniforme.

4 Deje la sartén al fuego unos 5 minutos. Agítela de vez en cuando hasta que la base haya cuajado. Utilice la espátula para separar la tortilla de la sartén. Ponga un plato grande sobre la parte superior de la sartén y déles la vuelta conjuntamente* para que la tortilla quede sobre el plato.

5 Añada 1 cucharada del aceite reservado y extiéndalo. Deslice con cuidado la tortilla en la sartén y dore el otro lado. Recorra entonces los lados de la tortilla con una espátula para darles forma.

6 Siga dorando la tortilla unos 3 minutos hasta que el huevo esté firme y la base dorada. Retire la sartén del fuego y deslice la tortilla sobre un plato. Déjela reposar durante 5 minutos antes de cortarla. Sírvala caliente o a temperatura ambiente.

consejo del cocinero

Si no está seguro de poder dar la vuelta a la tortilla, termine de hacerla bajo una parrilla a fuego medio y a unos 10 cm, aproximadamente, de la fuente de calor hasta que la mezcla blanda de huevo esté firme. Tenga en cuenta, no obstante, que la tortilla hecha de este modo no tendrá su característico borde redondeado.

tortilla al horno

En los bares de tapas de Madrid pueden servirle estos sencillos dados de tortilla de 2,5 cm con palillos, mientras que en el resto de España suelen servirse sobre rebanadas de pan.

PARA 48 DADOS

aceite de oliva

1 diente de ajo grande majado

4 cebolletas, con las hojas blancas y verdes
   finamente troceadas

1 pimiento verde, sin el corazón, despepitado
   y finamente troceado

1 pimiento rojo, sin el corazón, despepitado
   y finamente troceado

175 g de patatas, hervidas, peladas y troceadas

5 huevos grandes

100 ml de crema ácida

175 g de queso de Roncal recién rallado,
   o queso cheddar o parmesano

3 cucharadas de cebollino fresco recién picado

sal y pimienta

1 Cubra una bandeja de horno de aproximadamente 18 x 25 cm con papel de aluminio, úntela con el aceite y fije luego el papel en los lados. Resérvela.

2 Ponga un poco de aceite, el ajo, la cebolleta y el pimiento en una sartén y sofríalos a fuego medio durante 10 minutos, removiendo, hasta que la cebolla esté hecha pero no dorada. Retire la sartén del fuego y déjelo enfriar. Mézclelo todo con la patata.

3 Bata el huevo, la crema ácida, el queso y el cebollino en un recipiente grande. Incorpore la verdura ya enfriada en el recipiente y salpiméntelo a su gusto.

4 Ponga la mezcla en la bandeja del horno y alise la superficie. Hornee a continuación la mezcla en el horno precalentado a 190 °C durante 30-40 minutos, hasta que la masa esté dorada, inflada y cuajada en el centro. Sáquela del horno y deje que se enfríe y acabe de cuajar. Recorra el borde con la espátula y dé la vuelta a la tortilla sobre una tabla de cortar con el lado dorado hacia arriba. Retire el papel de aluminio. Si la superficie pareciera un poco blanda, gratínela a una temperatura media hasta que quede bien hecha.

5 Deje que la tortilla se enfríe por completo. Recorte luego los bordes y córtela en 48 dados. Sírvala en una fuente con palillos o pinche cada uno de los dados en una rebanada de pan.

46

pa amb tomàquet

En Catalunya, el pa amb tomàquet *es un plato habitual que se puede tomar tanto en el bar de tapas como en el restaurante. Si se prepara en casa, a menudo constituye una comida completa.*

pan de barra o redondo cortado en rebanadas

tomates

ajo, opcional

aceite de oliva, opcional

1 Frote varias veces el tomate en las rebanadas de pan y vierta el aceite por encima. Si desea darle más sabor, a continuación, frote el ajo por el pan.

variación

Si desea un tentempié más sustancioso, sirva el pan con tomate acompañado de un plato de lonchas finas de jamón serrano y de queso manchego para que sus invitados se hagan bocadillos.

aceitunas aliñadas

Las aceitunas se pueden comprar ya aliñadas o bien se pueden marinar en casa, porque su oferta es muy amplia y sus combinaciones casi infinitas.

Los mercados y los supermercados ofrecen siempre una gran selección de sabrosas aceitunas combinadas con otros ingredientes, como por ejemplo guindillas y pimientos largos y dulces al estilo mediterráneo.

PARA UN BOTE DE CONSERVA DE UNOS 500 ML

175 g de aceitunas rellenas de pimiento

175 g de aceitunas negras

55 g de pimientos asados y pelados (ver página 74), en finas tiras

2 rodajas finas de limón

2 ramilletes de tomillo fresco

1 hoja de laurel

1 guindilla roja seca y picante

$1/2$ cucharada de semillas de hinojo

$1/2$ cucharada de semillas de cilantro, ligeramente trituradas

aceite de oliven virgen extra*

1 Ponga las aceitunas, las rodajas de limón, el tomillo, la hoja de laurel, la guindilla y las semillas de hinojo y de cilantro en un bote de unos 500 ml, asegurándose de que los ingredientes estén bien mezclados. Cúbralo luego todo con aceite. Cierre el bote y, a continuación, déjelo reposar a temperatura ambiente un mínimo de 2 semanas antes de utilizar las aceitunas.

consejos del cocinero
No añada ajo troceado a una marinada de este tipo porque podría llegar a intoxicarse. Es mejorar comprar el aceite de oliva con sabor a ajo preparado, que podrá adquirir en todos los grandes supermercados o en los establecimientos especializados.

48 aceitunas y boquerones

Esta elegante tapa forma parte de la oferta habitual de muchos bares y restaurantes. Es muy sencilla de elaborar y además le ofrece la posibilidad de utilizar su mejor aceite de oliva virgen extra, cuyo sabor se pierde al cocinar. Esta deliciosa tapa es una muestra de comida rápida típicamente española, y todos los ingredientes se suelen tener siempre a mano en la cocina. Otra variedad igualmente sencilla y rápida de hacer consiste en pinchar un filete de anchoa marinada en una aceituna. Las cantidades exactas no son importantes.

filetes de anchoas sazonados en aceite vegetal
aceitunas aliñadas (ver página 47)
cebollas pequeñas y blancas en escabeche
aceite de oliva virgen extra

1 Separe primero los filetes de anchoa y dispóngalos luego en un plato con las aceitunas y la cebolla.

2 A continuación, riéguelo todo con el aceite de oliva virgen extra y sírvalo con abundantes palillos para pinchar.

pimientos fritos

Tanto los pimientos dulces como los picantes pueden freírse rápidamente, y con ellos, en especial con los pimientos de Padrón fritos, que provienen de los huertos situados al sur de Santiago de Compostela, en Galicia, se puede elaborar deliciosas tapas. Tienen un sabor fresco y no muy picante, aunque siempre aparece alguno que es la excepción a la regla.

PARA 4–6 RACIONES
aceite de oliva
pimientos verdes dulces o picantes
sal marina

1 Caliente 3 cucharadas de aceite en una cazuela de fondo grueso hasta que alcance los 190 °C, o hasta que un trozo de pan del día anterior se dore en unos 30 segundos.

2 Lave luego los pimientos y presiónelos con papel de cocina hasta que estén bien secos. Incorpórelos en la cazuela pero no los deje más de 20 segundos, o hasta que la piel esté brillante.

3 Sáquelos con una espumadera y escúrralos en un papel de cocina arrugado. Espolvoréelos con sal marina y sírvalos de inmediato.

variación
Si quiere una tapa más elaborada, cubra una fina rebanada de pan con un huevo frito, con la yema hacia arriba. Para asegurar el huevo al pan, inserte un pimiento de Padrón en un palillo y pinche con él la rebanada por la parte de la clara.

almendras al pimentón

Las almendras, preparadas de múltiples formas, son un popular aperitivo que se sirve para acompañar muchas bebidas. A menudo están incluidas en la selección de tapas de los bares, o se sirven como aperitivo con un jerez o un vino. A veces las almendras simplemente se hierven y no se les da ningún toque especial, pero también se pueden freír en aceite de oliva y espolvorear luego con sal gorda marina o con una capa de sal fina. En esta versión se les añade el sabor picante del pimentón. Las almendras deberán conservarse en un recipiente herméticamente cerrado durante tres días como mínimo.

PARA 4–6 PERSONAS

1$^1/_2$ cucharadas de sal marina gruesa

$^1/_2$ cucharada de pimentón rojo ahumado dulce, o picante, a su gusto

500 g de almendras blanqueadas*

aceite de oliva virgen extra

1 Ponga la sal marina y el pimentón en el mortero, y maje la mezcla hasta obtener un polvo fino. Si lo desea, puede utilizar una batidora eléctrica, aunque en este caso la cantidad es demasiado pequeña para utilizar un robot de cocina.

2 Ponga las almendras en una bandeja con papel vegetal y tuéstelas en el horno precalentado a 200 °C durante 8-10 minutos, dándoles la vuelta de vez en cuando, hasta que estén doradas. No deje de vigilarlas, porque se queman con mucha rapidez. Póngalas inmediatamente después en un bol refractario.

3 Rocíe las almendras con 1 cucharada de aceite y remuévalas para que queden todas ligeramente cubiertas. Espolvoréelas luego con la mezcla de sal y pimentón y vuelva a removerlas. Póngalas en un cuenco pequeño y sírvalas a temperatura ambiente.

consejo del cocinero

Es mejor y más económico comprar las almendras crudas y blanquearlas cuando las necesite porque, tan pronto como se ha eliminado la fina piel marrón, comienzan a secarse. Ponga las almendras crudas en un bol refractario. Vierta agua hirviendo y déjelas reposar durante 1 minuto. Escúrralas bien y presiónelas ligeramente para secarlas y quitarles la piel.

caballa en escabeche

PARA 4-6 PERSONAS

8 filetes de caballa frescos

300 ml de aceite de oliva virgen extra

2 cebollas rojas grandes, finamente picadas

2 zanahorias, peladas y picadas

2 hojas de laurel

2 dientes de ajo, finamente picados

2 guindillas rojas secas

1 bulbo de hinojo, partido en dos y finamente picado

300 ml de vinagre de jerez

1 cucharada de semillas de cilantro

sal y pimienta

rebanadas de pan de barra, para servir

1 Disponga los filetes con la piel hacia arriba en la rejilla de la parrilla y úntelos ligeramente con un poco de aceite. Áselos a una temperatura media, a unos 10 cm de la fuente de calor durante unos 4-6 minutos, hasta que la piel se tueste y se ponga crujiente, y la carne pueda desprenderse con facilidad. A continuación resérvelos.

2 Caliente el aceite restante en una sartén grande. Añada la cebolla y rehóguela durante 5 minutos, o hasta que quede tierna pero sin que llegue a dorarse. Añada luego los ingredientes restantes y rehóguelos a fuego lento durante unos 10 minutos, o hasta que la zanahoria esté bien tierna.

3 Corte la caballa en trozos grandes quitando la piel y las pequeñas espinas. Póngalos en un tarro para conservarlos y vierta por encima la mezcla de cebolla, zanahoria e hinojo. Deje que se enfríe del todo, después cierre bien el tarro y póngalo a enfriar entre 24 horas y 5 días. Sirva los trozos de caballa sobre las rebanadas de pan tostadas, con un poco de aceite por encima.

   Como alternativa, sirva la caballa y las verduras escabechadas como ensalada para un primer plato.

variación

Este adobo es igualmente delicioso con filetes de bacalao o de merluza asados, con mejillones cocidos o con filetes de atún o pez espada fritos.

Los bares de tapas y los restaurantes que sirven auténtica comida española suelen estar alejados de las zonas más turísticas.

rape escabechado frito

PARA 4–6 PERSONAS

600 g de rape

600–900 ml de aceite de oliva virgen extra

6 chalotes, picados

2 zanahorias, peladas y cortadas

**1 bulbo de hinojo, cortado por la mitad
y finamente picado**

2 hojas de laurel

2 dientes de ajo, finamente picados

1/2 cucharada de guindilla seca troceada, o al gusto

300 ml de vinagre de vino blanco

sal y pimienta

1 1/2 cucharadas de semillas de cilantro

rodajas de limón, para servir

para el rebozado

**150 g de harina común, más 4 cucharadas
para espolvorear**

1/2 cucharada de sal

1 huevo

unos 200 ml de cerveza

1 cucharada de aceite de oliva

1 Retire la fina membrana que recubre al rape, enjuague después la cola y séquela bien. Corte la cola a lo largo y a ambos lados de la espina central, extráigala y deséchela. Corte la carne del rape en diagonal, en trozos de 1 cm.

2 Caliente 4 cucharadas de aceite a fuego medio. Añada tantos trozos de pescado como sea posible, y fríalos unos 2 minutos. Déles la vuelta y siga friéndolos unos 4 minutos más, o hasta que el pescado pueda desmenuzarse con facilidad. Escúrralo y resérvelo.

3 Caliente 250 ml de aceite en la misma sartén. Añada el chalote y sofríalo durante 3 minutos, o hasta que esté tierno. Añada luego la zanahoria, el hinojo, las hojas de romero, el ajo y la guindilla machacada, junto

con el vinagre, y remuévalo todo. Llévelo a ebullición, reduzca después el fuego para que siga cociendo a fuego lento durante 8 minutos. Incorpore las semillas de cilantro, remuévalo y déjelo cocer otros 2 minutos más, o hasta que la zanahoria esté tierna.

4 Riegue el rape con la mezcla, cúbralo y déjelo enfriar entre 24 horas y un máximo de 5 días.

5 Prepare la masa para el rebozado antes de empezar a freír. Tamice la harina y la sal, y forme un agujero en el centro. Añada la yema del huevo y 100 ml de la cerveza. Remueva hasta que se forme una masa gruesa. Añada tanto aceite como sea necesario y la cerveza restante para conseguir una masa gruesa y uniforme. Cúbrala y déjela reposar durante 30 minutos.

6 Saque los trozos de rape de la salsa marinada y resérvelos. Caliente en una cazuela de fondo grueso bastante aceite. Mientras tanto, bata la clara hasta que esté a punto de nieve. Remueva la masa y añádala a la clara. A continuación, mézclelo todo bien.

7 Tamice las 4 cucharadas restantes de harina y salpimente. Reboce los trozos de rape en la masa y póngalos en la sartén. Vaya por tandas para evitar que la sartén se llene demasiado. Fríalos unos 3-4 minutos, o hasta que se doren. Sáquelos de la sartén y escúrralos bien con papel de cocina. Continúe hasta que esté todo el pescado frito.

8 A continuación, sírvalo a la mesa bien caliente y acompáñelo con rodajas de limón para exprimir sobre el pescado.

buñuelos de bacalao con espinacas

Para elaborar este plato debe dejar el bacalao seco y salado unas 48 horas antes en remojo. En caso de que no lo encuentre en el supermercado, pruebe en las tiendas especializadas.

PARA UNAS 16 UNIDADES
250 g de bacalao seco y salado en una pieza

para el rebozado
140 g de harina común
1 cucharada de levadura en polvo
$1/4$ de cucharada de sal
1 huevo grande, ligeramente batido
unos 150 ml de leche

2 rodajas de limón
2 ramitas de perejil fresco
1 hoja de laurel
$1/2$ cucharada de aceite de oliva con sabor a ajo
85 g de espinacas tiernas, lavadas
$1/4$ de cucharada de pimentón dulce o picante
aceite de oliva
sal marina gruesa, opcional
1 poco de allioli (ver página 232), para servir

1 Ponga el bacalao seco y salado en un cuenco y cúbralo con agua fría. Manténgalo en remojo unas 48 horas, cambiando 3 veces el agua.

2 Para la masa, mezcle la harina, la levadura y la sal en un cuenco y forme un agujero en el centro. Añada el huevo con 100 ml de la leche y mézclelo hasta lograr una pasta homogénea de consistencia gruesa. Si resulta demasiado gruesa, añada gradualmente la leche restante, sin dejar de remover. Deje reposar la masa durante 1 hora como mínimo.

3 Ponga el bacalo en una sartén y añada el limón, el perejil y la hoja de laurel, y cúbralo todo con agua. Llévelo a ebullición. Reduzca el fuego y deje que cueza a fuego lento unos 30-45 minutos, hasta que el pescado esté tierno y pueda cortarse con facilidad.

4 Caliente el aceite a fuego medio, añada luego las espinacas y rehóguelas durante unos 3-4 minutos.

5 Escurra las espinacas en un colador y presiónelas con el reverso de la cuchara para eliminar el exceso de agua. Trocee finamente las espinacas y mézclelas con la masa y el pimentón.

6 Saque el pescado del agua y pártalo en trozos, retirando la piel y las espinas. Reboce luego la carne en la masa.

7 Caliente una sartén con abundante aceite hasta que alcance una temperatura de 190 °C, o hasta que un trozo de pan del día anterior se dore en 30 segundos. Utilice una cuchara engrasada o una cuchara de medir para introducir cucharadas de la masa en el aceite. Fría las porciones durante 8-10 minutos, hasta que se doren. Trabaje en tandas si fuera necesario. Utilice una espumadera para pasar las porciones de la sartén al papel de cocina, y que escurran. Espolvoréelas luego con sal gruesa, si lo desea.

8 Sirva los buñuelos calientes o a temperatura ambiente con *allioli* para mojar.

sardinas asadas

Esta sencilla forma de preparar las sardinas es típica de los pueblos de la costa mediterránea. El pescado se asa directamente sobre las brasas. Estas sardinas se suelen servir con gajos de limón para exprimirlos por encima, o también con allioli *(ver página 232) recién elaborado.*

Para conseguir un sabor más fuerte, pruebe a rellenar el pescado con filetes de anchoa antes de asarlo.

PARA 4–6 PERSONAS
2 cucharadas de aceite de oliva con sabor a ajo
12 sardinas frescas, descabezadas, vacías y sin
**   la espina central***
sal marina gruesa y pimienta
gajos de limón, para servir

1 Precaliente la parrilla a una temperatura elevada y unte luego la rejilla con un poco del aceite con sabor a ajo. Pinte también las sardinas con el aceite y colóquelas en la rejilla de la parrilla en una sola capa. Salpimente luego a su gusto.

2 Mantenga la parrilla a unos 10 cm de la fuente de calor durante unos 3 minutos, o hasta que la piel esté crujiente. Utilice las pinzas de cocina para dar la vuelta a las sardinas, úntelas con más aceite y luego salpiméntelos. Siga asando el pescado unos 2-3 minutos más, o hasta que la carne se pueda partir bien y la piel esté crujiente. Sirva las sardinas de inmediato.

*consejos del cocinero
Compre sardinas que tengan la carne firme, la piel brillante y los ojos claros. Es preferible cocinarlas el mismo día en que se han comprado y guardarlas en el frigorífico hasta que se necesiten.

En la pescadería le prepararán las sardinas, aunque también puede hacerlo usted mismo en casa. Trabaje de una en una. Coja firmemente la sardina con una mano y separe con la otra la cabeza, tirando hacia abajo, así saldrán también las tripas. Con los dedos, elimine las entrañas que hayan podido quedar en el interior. Tome a continuación la parte superior de la espina con el pulgar y el índice, y tire hacia usted para extraerla. Aclare el pescado con agua y déjelo reposar sobre papel de cocina para que se seque.

60 aceitunas envueltas en anchoas

En los animados y abarrotados bares de tapas que se extienden por las estrechas calles de San Sebastián, se ofrece durante todo el día y hasta bien entrada la noche una variada selección de apetitosas tapas recién elaboradas llamadas "pinchos". Estos pinchos son ideales para picar mientras se disfruta de un vaso de cerveza de barril, muy popular en el País Vasco.

PARA 12 UNIDADES

12 filetes de anchoa en aceite, escurridos

24 aceitunas en aceite rellenas de pimiento, escurridas

1 Corte a lo largo los filetes de anchoa. Envuelva una aceituna con medio filete superponiendo los extremos. Asegúrelos con un palillo. Repita el procedimiento con otra aceituna y la otra mitad de la anchoa, y pínchelas en el mismo palillo. Continúe hasta que se hayan acabado los ingredientes, y tendrá 12 pinchos con 2 aceitunas envueltas en anchoa por palillo.

variación

En lugar de utilizar aceitunas rellenas de pimientos, elija aceitunas verdes o negras deshuesadas, rellénelas con una anchoa blanqueada plateada y siga las indicaciones de la receta.

Las aguas del Atlántico y del Mediterráneo ofrecen una gran abundancia de marisco y de pescado cualquier época del año.

gambas envueltas en jamón

Haga el aliño de esta receta preferiblemente en verano, que es cuando los tomates han alcanzado el punto de madurez y desprenden su aromático olor. Si no es así, sirva las gambas frías con un cuenco de allioli (ver página 233) o con mojo (ver página 84) para mojar.

PARA 16 UNIDADES

para el aliño de tomates y alcaparras

2 tomates, pelados y sin semillas*

1 cebolla pequeña roja, finamente picada

4 cucharadas de perejil fresco, finamente picado

1 cucharada de alcaparras en salmuera, escurridas, enjuagadas y picadas

la piel de un limón, finamente rallada

4 cucharadas de aceite de oliva virgen extra

1 cucharada de vinagre de jerez

16 lonchas finas de jamón serrano

16 langostinos sin cocer, pelados y sin el hilo intestinal (ver página 64), con las colas

aceite de oliva virgen extra

1 Prepare primero el aliño. Trocee finamente la carne de los tomates ya pelados y póngala en un cuenco. Añada la cebolla, el perejil, las alcaparras y la ralladura del limón, y remuévalo con cuidado. Mezcle el aceite y el vinagre, y añádalos a los otros ingredientes. Reserve el aliño hasta que lo necesite.

2 Envuelva cada langostino en una loncha de jamón y píntela con un poco de aceite. Luego, coloque los langostinos en un plato refractario lo bastante grande como para ponerlos en una sola capa. Hornéelos en un horno precalentado a 160 °C durante unos 10 minutos.

3 Ponga los langostinos en una bandeja y vierta por encima el aliño de tomate y las alcaparras. Sírvalos en el momento o bien déjelos reposar a temperatura ambiente.

*consejo del cocinero

Para pelar y despepitar los tomates, retire los tallos y haga una pequeña cruz en la parte superior. Ponga luego los tomates en un cuenco refractario, cúbralos con suficiente agua hirviendo y déjelos durante unos 30 segundos. Utilice una espumadera para colocarlos en un cuenco de agua fría. Prepare los tomates de uno en uno. Retire la piel, córtelos por la mitad y utilice una cucharilla para extraer el corazón y las semillas.

64 gambas al ajillo con limón y perejil

Aunque los ingredientes principales de este sencillo plato son casi siempre los mismos (gambas, ajo y limón), hay muchas formas distintas de prepararlo: a veces las gambas no están peladas, o mantienen la cabeza y la cola, y en ocasiones se les añade perejil y guindilla. Lo mejor es servir las gambas calientes, pero también puede dejarlas reposar y servirlas frías.

PARA 6 PERSONAS

60 gambas crudas grandes, descongeladas,
 si las ha comprado congeladas

150 ml de aceite de oliva

6 dientes de ajo, finamente picados

3 guindillas rojas picantes secas, opcional

6 cucharadas de zumo de limón recién exprimido

6 cucharadas de perejil fresco, finamente picado

pan de barra para servir

1 Pele las gambas y retire el hilo intestinal*. Quite las cabezas, deje las colas y presione luego las gambas con papel de cocina para secarlas.

2 Caliente el aceite en una sartén grande y profunda. Añada el ajo y la guindilla, si es que la va a utilizar, y rehóguelos hasta que el aceite empiece a chisporrotear. Incorpore a continuación las gambas y saltéelas hasta que estén crujientes.

3 Utilice una espumadera para sacar las gambas y ponerlas en cuencos de loza calientes. Ponga en cada uno zumo de limón y un poco de perejil. Sírvalos de inmediato con mucho pan para mojar en la salsa.

*consejo del cocinero
Para quitar el hilo intestinal utilice un cuchillo de hoja fina. Corte a lo largo la gamba por la parte posterior, desde la cabeza hasta la cola, y extraiga el hilo negro.

Las iglesias son un elemento muy característico del paisaje español.

pimientos del piquillo rellenos de ensalada de cangrejo

En la mayoría de las cocinas suele haber un tarro o un bote de pimientos del piquillo dulces, que son pimientos rojos de 7,5 cm, asados, pelados y despepitados, listos para rellenar o para cortar y añadirlos a los guisos o las ensaladas. Para esta receta, es preferible que utilice pimientos enteros y conservados en aceite o salmuera, en lugar de troceados.

PARA 16 UNIDADES

para la ensalada de cangrejo

240 g de carne de cangrejo, escurrida y seca

1 pimiento rojo, asado, pelado (ver página 74) y troceado

unas 2 cucharadas de zumo de limón, recién exprimido

sal y pimienta

200 g de queso fresco

16 pimientos del piquillo, escurridos o recién asados*

perejil fresco troceado, para decorar

1 Haga en primer lugar la ensalada de cangrejo. Para ello, extraiga la carne de los cangrejos y elimine los restos de caparazón que hayan quedado. Ponga en la batidora la mitad de la carne, los pimientos rojos ya preparados, 1$^{1}/_{2}$ cucharadas del zumo de limón y salpimente a su gusto. Bátalo todo hasta que los ingredientes estén bien mezclados. Ponga la masa en un cuenco. Agregue el queso y la carne restante y remuévalo. Rectifique el sabor con zumo de limón.

2 Seque los pimientos del piquillo presionándolos un poco con papel de cocina y elimine las semillas que hayan quedado dentro. Utilice una cucharilla para dividir la ensalada en porciones iguales y rellene luego generosamente los pimientos. Dispóngalos sobre una bandeja o en platos individuales, y cúbralos hasta que los necesite. Antes de servir, espolvoree los pimientos rellenos con el perejil picado.

*consejo del cocinero

Si no encuentra pimientos del piquillo y tiene que asarlos usted mismo, utilice 16 pimientos de la variedad mediterránea, largos y dulces; evite los que tienen forma de campana. Si éstos son los únicos que ha podido encontrar, pártalos en 4 o 6 trozos y disponga por encima la ensalada.

coca mallorquina

PARA 4–6 PERSONAS

para la masa

400 g de harina blanca fuerte, y un poco
    más para amasar

1 sobre de levadura fácil de mezclar

1 cucharadita de sal

1/2 cucharadita de azúcar

1 cucharada de aceite de oliva

1 cucharada de vino blanco seco

225 ml de agua caliente

2 cucharadas de aceite de oliva virgen extra

4 dientes grandes de ajo, machacados

2 cebollas grandes, finamente picadas

10 pimientos del piquillo (ver página 67), escurridos,
    secos y finamente cortados

250 g de almejas pequeñas, sin concha y
marinadas (peso en bote), escurridas y enjuagadas

sal y pimienta

1 Para hacer la masa, mezcle la harina, la levadura,
la sal y el azúcar, y forme un agujero en el centro.
Añada el aceite y el vino en el agua, y vierta 170 ml del
líquido en el agujero. Empiece a mezclarlo todo por los
bordes del agujero, añadiendo el líquido restante hasta
lograr una masa suave.

2 Saque la masa, póngala sobre una superficie
enharinada y amásela hasta quede homogénea.
Forme luego una bola, unte un cuenco con aceite y
añada la bola. Déle vueltas para que quede recubierta
por el aceite. Tape el cuenco con plástico de cocina
y déjelo en un lugar cálido hasta que la masa haya
doblado su volumen.

3 Caliente el aceite a fuego medio o fuerte en una
sartén de fondo grueso. Reduzca el fuego y rehogue
el ajo y la cebolla, removiendo a menudo, durante unos
25 minutos, o hasta que la cebolla esté dorada pero sin
que llegue a quemarse.

4 Ponga la cebolla en un cuenco y déjela enfriar.
Añada el pimiento y las almejas, y mézclelo todo
bien. Déjelo reposar.

5 Saque la masa y amásela rápidamente sobre una
superficie enharinada. Cúbrala con el cuenco puesto
al revés y déjela reposar durante unos 10 minutos, así
será más fácil de estirar.

6 Enharine bien una bandeja de horno poco profunda
de 32 x 32 cm. Estire la masa, haga un cuadrado
de 34 cm de lado y póngalo sobre la bandeja. Enrolle
los lados para formar unos bordes finos. Pinche luego
la superficie con un tenedor.

7 Extienda los ingredientes de la cobertura por toda
la masa y salpiméntela a su gusto. Hornéela luego a
230 °C durante unos 25 minutos, o hasta que los bordes
estén dorados o las puntas de las cebollas ligeramente
coloreadas. Para enfriarla, ponga la bandeja sobre una
rejilla metálica. Parta la coca en 12 o 16 trozos.

*Páginas 70 y 71 El embutido y los jamones curados se
cuentan entre las delicias gastronómicas de España.*

garbanzos con chorizo

1 Caliente el aceite a fuego medio. Añada luego la cebolla y el ajo, y sofríalos, removiendo de vez en cuando, hasta que la cebolla esté tierna, pero sin llegar a dorarse. Incorpore el chorizo y continúe friendo hasta que esté completamente caliente.

2 Ponga la mezcla en un cuenco y añada los garbanzos y el pimiento. Rocíelos luego con el vinagre de jerez y salpiméntelos. Sirva los garbanzos calientes o a temperatura ambiente, generosamente decorados con el perejil, y con mucho pan.

PARA 4–6 PERSONAS

Para darle un toque auténtico, sirva esta sencilla tapa en pequeñas cazuelas individuales refractarias, tal y como se hace en Andalucía.

4 cucharadas de aceite de oliva

1 cebolla, finamente picada

1 diente de ajo grande, machacado

250 g de chorizo, sin piel y partido en dados de 1 cm

400 g de garbanzos de bote, escurridos y enjuagados

6 pimientos del piquillo (ver página 67), escurridos, secados y cortados en tiras

1 cucharada de vinagre, o a su gusto

sal y pimienta

perejil finamente picado, para decorar

rebanadas de pan crujiente, para servir

Las palmeras de dátiles son un recuerdo del pasado árabe de España.

74

pinchitos de chorizo y champiñones

Estos pinchitos, de fácil preparación, constituyen una exquisita y sabrosa tapa. Para completar el aperitivo, acompáñelos con un cuenco de almendras o aceitunas y una bebida.

PARA 25 UNIDADES

2 cucharadas de aceite de oliva

25 dados de chorizo, de 1 cm cada uno (unos 100 g)

25 champiñones, limpios y sin tallos

1 pimiento verde, asado, pelado* y troceado en
   25 dados

1 En una sartén, caliente el aceite a fuego medio. Incorpore el chorizo y fríalo durante 20 segundos, removiéndolo. Añada los champiñones y siga sofriendo todo 1-2 minutos más, hasta que los champiñones empiecen a dorarse y a absorber la grasa de la sartén.

2 Inserte en un palillo un dado de pimiento, un trocito de chorizo y un champiñón. Repita el proceso hasta que se agoten todos los ingredientes. Sirva los pinchos calientes o a temperatura ambiente.

*consejo del cocinero
Pártalos por la mitad longitudinalmente y quite los tallos para que se puedan sacar más fácilmente las pepitas y el corazón. Áselos con el lado de la piel hacia arriba y a pocos centímetros de la fuente de calor hasta que estén chamuscados. Sáquelos del horno y métalos en una bolsa de plástico; déjelos 15 minutos y después pélelos. Quite todas las semillas. También puede asarlos a fuego vivo. Puede guardarlos en un bote con aceite de oliva en el frigorífico; se conservan durante 5 días.

Hacer un alto en el camino para tomar una tapa es una costumbre muy arraigada en la vida cotidiana de los españoles.

albondiguitas con salsa de tomate

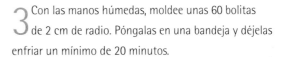

*Las albóndigas son un plato muy antiguo en la
gastronomía española, y las primeras recetas datan
del siglo XIII. El nombre de estas bolitas de carne
proviene del vocablo árabe* al-bunduq, *que significa
"avellana", probablemente por su forma redondeada.
Las albóndigas pueden estar hechas de ternera, de
cordero o de cerdo, y se pueden freír o cocer. Sírvalas
como una tapa ligera*, con un palillo insertado, y
acompañadas de bebida; también puede insertar tres
bolitas en el mismo palillo para hacer una ración.*

*El mojo (ver página 84) y el allioli (ver página 232)
constituyen también un buen acompañamiento.*

UNAS 60 UNIDADES

aceite de oliva

1 cebolla roja, finamente picada

500 g de carne picada de cordero

1 huevo grande batido

2 cucharaditas de zumo de limón recién exprimido

$^1/_2$ cucharada de comino molido

un pellizco de pimienta de cayena, a su gusto

2 cucharadas de menta fresca finamente picada

sal y pimienta

300 ml de salsa de tomates y pimientos
 (ver página 236), para servir

*consejo del cocinero

Las albóndigas son una tapa ideal para las fiestas
porque pueden prepararse con antelación y servirse
a temperatura ambiente. Si congela las albóndigas,
espere unas 3 horas antes de servirlas.

1 Caliente 1 cucharada de aceite en una sartén a fuego
medio. Incorpore la cebolla y sofríala luego durante
unos 5 minutos, removiéndola de vez en cuando, hasta
que esté tierna pero sin que llegue a dorarse.

2 Retire la sartén del fuego. En un cuenco grande,
ponga la cebolla con la carne, el huevo, el zumo de
limón, el comino, la cayena y la menta, y salpiméntelo
al gusto. Utilice las manos para mezclar todos los
ingredientes. Fría luego un poco de la mezcla y pruébela
por si fuera necesario añadir más condimento.

3 Con las manos húmedas, moldee unas 60 bolitas
de 2 cm de radio. Póngalas en una bandeja y déjelas
enfriar un mínimo de 20 minutos.

4 Cuando estén listas, caliente un poco de aceite
en una sartén grande para freír (la cantidad de
aceite dependerá de la grasa que contenga el cordero).
Coloque las albóndigas en una sola capa sin llenar
demasiado la sartén y fríalas a fuego medio durante
unos 5 minutos, o hasta que se doren por fuera pero
por dentro tengan todavía un color rosado. Trabaje
en varias tandas si fuera necesario, pero mantenga
las albóndigas ya fritas en caliente mientras se hace
el resto.

5 Recaliente a fuego lento la salsa de tomate y
pimiento, y sírvala con las albóndigas para mojar.
Es mejor comer las albóndigas aún calientes, aunque
también están deliciosas frías.

higadillos al jerez

PARA 4–6 PERSONAS

450 g de higadillos de pollo, descongelados

2 cucharadas de aceite de oliva

2¹/₂ cucharadas de vinagre de jerez

2 cucharadas de jerez fino

2 chalotes, finamente picados

250 ml de caldo de pollo

1 ramita de tomillo fresco

2 cucharaditas de miel líquida

una pizca de pimienta de cayena, a su gusto

sal y pimienta

perejil fresco finamente picado, para decorar

Fuera de las habituales rutas turísticas, existen en España numerosos lugares capaces de cautivar al visitante.

1 Trocee los higadillos, quite las venas grandes o las motas verdes que pudieran tener, y séquelos con papel de cocina.

2 Caliente el aceite en una sartén, agregue los higadillos y dispóngalos en una sola capa. Saltéelos unos 5 minutos o hasta que se doren. Póngalos luego en una bandeja y manténgalos calientes en el horno.

3 Incorpore el vinagre, el jerez y el chalote en la sartén, y llévelo a ebullición. Raspe los trocitos que se peguen en el fondo de la sartén. Añada el caldo de pollo, el tomillo, la miel y la pimienta, y deje que cueza todo hasta que el caldo se haya reducido a unas 4 cucharadas.

4 Vuelva a poner los higadillos en la sartén y caliéntelos. Déles la vuelta varias veces para que se empapen con el glaseado. Espolvoréelos con el perejil y sírvalos con palillos.

habas con jamón

PARA 4–6 PERSONAS

225 g de habas peladas, frescas o congeladas

2 cucharadas de aceite de oliva virgen extra

1 cebolla roja, finamente picada

1 loncha de jamón serrano no muy gruesa, troceada

perejil fresco finamente picado, al gusto

sal y pimienta

pan de barra, para servir

1 Lleve a ebullición una cazuela con agua salada. Agregue las habas y deje que hiervan 5-10 minutos, hasta que se ablanden. Escúrralas y póngalas en un cuenco con agua fría para interrumpir el proceso de cocción.

2 Mientras tanto, caliente 1 cucharada de aceite a fuego medio en una sartén. Añada la cebolla y rehóguela durante unos 5 minutos, o hasta que esté tierna pero no dorada. Incorpore las habas previamente peladas.

3 Agregue el jamón y el perejil, y remuévalo. Rectifique el sabor si fuera necesario, pero no añada la sal hasta probarlo, ya que el jamón es salado. Páselo todo a un cuenco para servir y vierta por encima el aceite restante. Sirva las habas a temperatura ambiente acompañadas con rebanadas de pan.

Los pueblos de la Meseta Central, con sus casas bajas y rojizos techos, se funden a la perfección con el paisaje.

espárragos asados con jamón serrano

A finales del mes de abril y coincidiendo con el final de la cosecha, los espárragos blancos y verdes aparecen en todas las cartas de los restaurantes como parte del menú del día. Los espárragos se cuecen casi siempre al vapor, para evitar así que las puntas se reblandezcan en exceso.

Para servirlos como tapa, coloque los espárragos en una bandeja y ponga en el centro un cuenco pequeño con alguna salsa para mojar. Si los usa como entrante, sírvalos en platos individuales con un poco de salsa por encima.

PARA 4–6 PERSONAS

sal marina

24 espárragos trigueros, sin la parte dura del tallo

unas 2 cucharadas de aceite de oliva virgen extra

pimienta

12 lonchas finas de jamón serrano,
   cortadas por la mitad

un poco de romesco (ver página 233)
   o allioli (ver página 232), para servir

1 Espolvoree una capa de sal marina sobre la base de una fuente de horno para que los espárragos no se muevan y se mantengan formando una sola capa. Píntelos con el aceite y colóquelos en la fuente.

2 Ase los espárragos en un horno precalentado a 220 °C durante unos 12-15 minutos, o hasta que estén tiernos al pincharlos con la punta de un cuchillo. Sáquelos del horno y sazónelos a su gusto con pimienta recién molida.

3 Tan pronto como pueda manipular los espárragos sin quemarse, envuélvalos uno a uno en lonchas de jamón. Sírvalos calientes, templados o a temperatura ambiente, con un pequeño cuenco de salsa *romesco* o *allioli* para mojar.

papas arrugadas con mojo

Tenga mucha cerveza o agua fría a mano cuando sirva esta tapa típica de las Islas Canarias. Las patatas se cuecen en agua con mucha sal (imitando el agua marina), que es la que propicia que se forme una fina película salada sobre la piel. Tenga en cuenta que la sal y la salsa picante dan mucha sed. Si no encuentra patatas de piel rosada, utilice las de ensalada porque también mantienen su forma.

PARA 4–6 PERSONAS

70 g de sal marina

24 patatas pequeñas, rosadas, enteras y sin pelar

para el mojo

40 g de pan del día anterior, sin corteza
  y en trozos pequeños

2 dientes de ajo grandes

$^1/_2$ cucharita de sal

1$^1/_2$ cucharadas de pimentón picante

1 cucharada de comino molido

unas 2 cucharadas de vinagre de vino tinto

unas 5 cucharadas de aceite de oliva virgen extra

2 pimientos del piquillo (ver página 67), en conserva,
  y escurridos

1 Vierta agua en una cazuela hasta unos 2 cm de altura, espolvoree con sal marina y remuévala. Añada las patatas y vuelva a remover. Cúbralas con un paño de cocina y lleve el agua a ebullición. Reduzca el fuego y déjelas cocer 20 minutos, o hasta que estén tiernas pero todavía firmes.

2 Retire el paño, escurra las patatas y póngalas de nuevo en la cazuela vacía. Cuando el paño esté frío, escúrralo en la cazuela. Caliente las patatas a fuego lento y remuévalas hasta que estén cubiertas con una fina película blanca. Retírelas del fuego.

3 Para el mojo, ponga el pan en un cuenco y llénelo con agua hasta cubrirlo. Déjelo reposar 5 minutos y escúrralo después con las manos para extraer todo el agua. Maje en un mortero el ajo y la sal hasta lograr una pasta, y luego agregue la guindilla y el comino. Ponga la mezcla en un robot de cocina, añada 2 cucharadas de vinagre y mézclelo. Incorpore el pan y 2 cucharadas de aceite, y remuévalo de nuevo.

4 Con el motor en marcha, incorpore algunos trozos de pimiento y continúe triturando hasta formar una salsa. Añada más aceite si fuera necesario, hasta que la salsa quede bien homogénea y gruesa. A continuación, salpiméntelo al gusto.

5 Para servir, corte las patatas en mitades y pínchelas con los palillos. Sírvalas con un cuenco de salsa al lado para mojar. Puede servir las patatas tanto calientes como a temperatura ambiente.

patatas bravas

A esta clásica tapa se le llama "brava" por el sabor especialmente picante de su salsa. A pesar de tratarse de una receta más bien sencilla, existen infinidad de variantes y modos de elaborarla, probablemente tantas como cocineros hay en España. Cada uno tiene su forma de prepararlas: a veces las patatas se fríen en abundante aceite y se sazonan con sal y pimenta, y otras, en cambio, se mezclan con allioli o se rocían con aceite de guindillas.

PARA 6 PERSONAS
para el aceite de guindilla
150 ml de aceite de oliva
2 guindillas rojas picantes, en rodajas
1 cucharadita de pimentón picante

1 porción de patatas fritas (ver página 247)
1 porción de allioli (ver página 232)

1 Para elaborar el aceite de guindilla, caliente el aceite y las guindillas a fuego vivo hasta que las guindillas empiecen a crepitar. Retírelas del fuego y añada luego el pimentón. Déjelo reposar hasta que se enfríe y páselo después con un embudo a una botella con boquilla. No lo cuele.

2 A continuación, fría las patatas y prepare mientras tanto el *allioli*.

3 Distribuya las patatas en 6 platos individuales y ponga 1 cucharada de *allioli* en cada uno. Riéguelo todo con el aceite de guindilla y sirva la tapa caliente o bien a temperatura ambiente. No olvide poner palillos para pinchar las patatas.

salsa de berenjenas

PARA 6–8 PERSONAS

1 berenjena grande, de 400 g aproximadamente

aceite de oliva

2 cebolletas, finamente picadas

1 diente grande de ajo, machacado

2 cucharadas de perejil fresco, finamente picado

sal y pimienta

pimentón dulce ahumado para adornar

pan de barra para servir

1 Corte las berenjenas en rodajas gruesas y luego espolvoréelas con la sal para eliminar el amargor. Déjelas reposar alrededor de 30 minutos, y después aclárelas y séquelas presionando con una servilleta.

2 Caliente luego a fuego medio 4 cucharadas del aceite en una sartén grande para freír. Añada las rodajas de berenjena y sofríalas por los dos lados hasta que estén tiernas y empiecen a dorarse. Sáquelas de la sartén y déjelas enfriar. Expulsarán el aceite cuando se enfríen.

3 Añada otra cucharada de aceite a la sartén. Agregue la cebolleta y el ajo, y sofríalos unos 3 minutos, hasta que la cebolleta esté tierna. Retire la sartén del fuego y déjelo enfriar junto con las berenjenas.

4 Disponga los ingredientes en una batidora y bátalos hasta que se forme un puré no muy homogéneo. Póngalo en un cuenco y mézclelo bien con el perejil. Rectifique el sabor si fuera necesario. Sírvalo de inmediato, o cúbralo y déjelo enfriar unos 15 minutos. Rocíe la salsa con el pimentón y sírvala a la mesa con rebanadas de pan.

esqueixada

En los elegantes restaurantes de Barcelona, el bacalao salado de esta clásica ensalada se sirve en delgadas rodajas y adornado con tomate finamente troceado, pimienta y aceitunas alrededor del plato.* Esta versión es la que encontrará en los restaurantes del interior de la región. En esta receta, el pescado se macera en la acidez del vinagre y del zumo de limón, como ocurre con el cebiche.

PARA 4–6 PERSONAS

400 g de bacalao salado en una pieza

6 cebolletas, finamente cortadas en juliana

6 cucharadas de aceite de oliva virgen extra

1 cucharada de vinagre de jerez

1 cucharada de zumo de limón

pimienta

2 pimientos rojos grandes, asados y pelados (ver página 74), sin semillas y finamente troceados

12 aceitunas negras grandes, sin hueso y troceadas

2 tomates grandes, jugosos y finamente troceados

2 cucharadas de perejil fresco, finamente picado

1 Ponga el bacalao salado en un cuenco grande y cúbralo con agua. Déjelo reposar unas 48 horas, cambiando de vez en cuando el agua.

2 Presiónelo con papel de cocina para secarlo y quítele luego la piel y las espinas. Desmenúcelo en trozos pequeños con los dedos . Póngalo en un cuenco grande que no sea de metal junto con la cebolla, el aceite, el vinagre y el zumo de limón, y remueva bien la mezcla. Sazónela con pimienta negra recién molida. Cubra a continuación el recipiente y déjelo marinar en el frigorífico unas 3 horas.

3 Añada el pimiento y las aceitunas. Pruébelo y, si fuera necesario, sazónelo pero teniendo en cuenta que el bacalao y las aceitunas son salados. Coloque los trozos de tomate en una bandeja grande o en platos individuales y disponga la mezcla de bacalao por encima con una cuchara. Sírvalo espolvoreado con perejil.

*consejo del cocinero

Para una versión más moderna de esta típica ensalada catalana, ponga el bacalao ya desalado en el frigorífico, déjelo reposar durante 30 minutos y después córtelo en rodajas finas. (Si corta en rodajas el bacalao sin que éste se haya enfriado antes en la nevera, las rodajas se desmenuzarán.)

variaciones

Si quiere una tapa de verano, corte los tomates pequeños de ristra por la mitad y, con una cucharilla, saque las semillas. Espolvoréelos con sal marina y déles la vuelta sobre un papel de cocina para que escurran. Con una cuchara, introduzca la ensalada en las mitades de tomate y espolvoréelas con perejil.

El bacalao en salazón también puede utilizarse para rellenar los pimientos del piquillo, como se muestra en la página 67.

queso frito

El fuerte sabor de este tradicional queso de cabra español aumenta cuando se calienta el queso. Es mejor servirlo justo cuando se ha acabado de freír; asimismo sabe bien durante los siguientes 30 minutos, pero no más, porque se pone correoso.

PARA UNAS 16 PORCIONES
200 g de queso manchego en una pieza
55 g de pan blanco recién rallado
1 cucharadita de tomillo
1 huevo grande
aceite de oliva
1 porción de romesco (ver página 233), para servir (opcional)

1 Corte el queso sin corteza en 16 porciones triangulares de 1 cm de grosor. Mezcle luego en un plato el pan rallado con el tomillo y bata en otro el huevo.

2 Reboce las porciones del queso, una a una, y presiónelas ligeramente para aplanarlas.

3 Caliente 0,5 cm de aceite en una sarten de base gruesa a fuego medio hasta que esté bien caliente o un dado de pan se dore en 40 segundos. Añada luego el queso y fría cada lado unos 30 segundos, o hasta que se dore y chisporrotee. Si fuera necesario trabaje en tandas para evitar que la sartén se llene demasiado.

4 Cuando las porciones de queso estén fritas, sáquelas de la sartén y séquelas bien con papel de cocina. Deje que se enfríen un poco y, a continuación, sírvalas a la mesa con un cuenco de *romesco* para mojar, si lo desea.

La estatua de Colón es uno de los monumentos más emblemáticos de Barcelona.

montaditos

En cualquier restaurante del norte de España encontrará platos con rebanadas de pan montadas con ensaladas y mahonesa. La ensaladilla rusa, de patatas, judías, zanahorias y guisantes, es un entrante muy popular y se vende enlatada en los supermercados. Estas dos ensaladas pueden servir como relleno para los pimientos del piquillo (ver página 67).

CADA ENSALADA SIRVE PARA 12-14 MONTADITOS

para la ensalada de patatas

200 g de patatas nuevas, lavadas y cocidas

$^1/_2$ cucharada de vinagre de vino blanco

sal y pimienta

3-4 cucharadas de mahonesa o allioli
  (ver página 232)

2 huevos duros, pelados y finamente troceados

2 cebolletas, finamente picadas

12-14 aceitunas negras, deshuesadas y en rodajas,
  para decorar

para la ensalada de atún

200 g de atún en aceite de oliva, escurrido

4 cucharadas de mahonesa o allioli (ver página 232)

2 huevos duros, pelados y finamente troceados

1 tomate, asado, pelado, despepitado (ver página 63)
  y finamente troceado

2 cucharaditas de ralladura de limón o, si lo prefiere,
  pimienta de cayena, a su gusto

sal y pimienta

12-14 filetes de anchoa en aceite, escurridos, para decorar

24-28 rebanadas de pan de barra, larga y delgada,
  cortadas ligeramente en diagonal, de 5 mm de grosor

1 Para hacer la ensalada de patatas, pele éstas tan pronto como se hayan enfriado y córtelas en dados de 5 mm. Rocíe luego los dados con vinagre y salpiméntelos al gusto. Resérvelos hasta que se enfríen completamente. Añada la mahonesa y remuévalo todo. Incorpore después el huevo troceado y la cebolleta, y vuelva a remover. Pruébelo y sazónelo al gusto. Monte generosamente las rebanadas de pan y decórelas con las rodajas de aceituna.

2 Para hacer la ensalada de atún, desmenuce primero el atún en un cuenco. Mézclelo con la mahonesa y añada el huevo duro y el tomate, junto con la cayena y la ralladura del limón. Salpiméntelo al gusto. Monte generosamente las rebanadas de pan y decórelas con un par de filetes de anchoa.

ensalada de calabacines a la morisca

La combinación de piñones tostados y pasas gruesas aperece registrada ya en algunos libros de cocina del siglo VIII.

Esta ensalada fría es muy versátil y puede servirse sobre rebanadas de pan a modo de tapa, como primer plato en un lecho de hojas de lechuga, o también como acompañamiento para el pollo asado en un bufé de verano. Prepare la ensalada como mínimo unas 4 horas antes de comer, para que los sabores quede bien mezlados.

PARA 4–6 PERSONAS

4 cucharadas de aceite de oliva

1 diente de ajo grande, partido por la mitad

500 g de calabacines pequeños, finamente cortados*

55 g de piñones

55 g de pasas

3 cucharadas de hojas de menta finamente picadas
   (no utilice menta verde ni hierbabuena)

2 cucharadas de zumo de limón, o al gusto

sal y pimienta

1 Caliente el aceite a fuego medio en una sartén grande. Incorpore el ajo y sofríalo hasta que se dore para darle sabor al aceite. Después sáquelo y deséchelo. Añada el calabacín y sofríalo, removiendo, hasta que esté tierno. Sáquelo inmediatamente de la sartén y póngalo en un cuenco grande para servir.

2 Añada los piñones y las pasas, junto con el zumo de limón y la menta, sin dejar de remover. Pruébelo y añada más aceite o zumo de limón, o salpiméntelo, si fuera necesario.

3 Déjelo reposar para que se enfríe del todo. Cúbralo y póngalo a enfriar unas $3^1/2$ horas como mínimo. Sáquelo del frigorífico unos 10 minutos antes de servir.

*consejo del cocinero

La mejor forma de preparar esta ensalada es con calabacines muy tiernos de unos 3 cm de grosor. Si usa calabacines maduros, córtelos primero longitudinalmente por la mitad o en cuartos, y luego en rodajas finas.

variación

Para obtener un sabor más fuerte, trocee 4 filetes de anchoa en aceite escurridos, e incorpórelos en el paso 2.

higos con queso picón

Esta deliciosa combinación de sabores dulces constituye un elegante primer plato para una comida especial. El cabrales, dejado madurar en cuevas calcáreas, es el queso azul español más conocido. El picón es una variedad suave, por lo que está especialmente indicado para esta receta. Este queso suele ser de leche de cabra, pero también puede contener tres tipos distintos de leche.

PARA 6 PERSONAS

para las almendras caramelizadas

100 g de azúcar extrafino

115 g de almendras enteras, blanqueadas o sin blanquear

12 higos maduros

350 g de queso azul español, como el picón, desmenuzado

aceite de oliva virgen extra

1 Ponga el azúcar en una cazuela a fuego medio y remuévala bien hasta que se derrita. Deje de remover cuando empiece a hervir. Quite la cazuela del fuego, añada de golpe todas las almendras y, con un tenedor, remuévalas hasta que estén recubiertas con azúcar. Si el caramelo se endurece, ponga la cazuela otra vez sobre el fuego. Coloque las almendras, de una en una, sobre una lámina de papel vegetal ligeramente untado con mantequilla hasta que esté llena. Déjelas reposar hasta que se enfríen y estén duras.*

2 Para servir, parta los higos en mitades y ponga 4 de éstas en cada plato. Trocee ligeramente las almendras con las manos. Ponga una porción de queso azul en cada plato y espolvoréelo con las almendras. Aliñe los higos con un poco de aceite.

variación
Para esta receta, también pueden caramelizarse mitades de nueces.

*consejo del cocinero
Guarde los frutos secos en un bote hermético un máximo de 3 días antes de utilizarlos. Si espera más se pondrán blandos.

Las largas hileras de mesas en las que comer al aire libre recorren las calles de todas las ciudades españolas.

gazpacho

Ésta es una de las clásicas sopas frías, tan refrescante como un zumo de frutas en un caluroso día de verano.

PARA 4–6 PERSONAS

500 g de tomates grandes jugosos, pelados, despepitados
   (ver página 63) y troceados

3 pimientos rojos grandes y maduros, sin corazón,
   despepitados y troceados

unas 2 cucharadas de vinagre de jerez

4 cucharadas de aceite de oliva

una pizca de azúcar

para servir

cubitos de hielo

pimiento rojo finamente picado

pimiento verde finamente picado

pimiento amarillo finamente picado

pepino finamente picado y despepitado

huevos duros finamente troceados

picatostes fritos en aceite con sabor a ajo

1 Ponga el tomate, el pimiento rojo y 2 cucharadas del vinagre de jerez, junto con el aceite y el azúcar, en una batidora y bata bien hasta que haya alcanzado la consistencia deseada. Cubra luego el recipiente y déjelo enfriar un mínimo de 4 horas antes de servirlo. Luego, salpiméntelo a su gusto. Agregue más vinagre si fuera necesario.*

2 Sirva la sopa en cuencos y ponga 1 o 2 cubitos de hielo en cada uno. Disponga la verdura para adornar en pequeños cuencos para que cada uno se sirva a su gusto.

consejo del cocinero

El frío suele apagar los sabores, por eso tendrá que sazonarla más que una sopa caliente. Salpimente la sopa cuando esté fría.

Los parques son el lugar ideal para un pequeño descanso tras la comida.

sopa de tomates asados

En Andalucía y las Islas Canarias se cultiva la mayor parte de los tomates que luego se exportan al resto de Europa. Incluso en estos climas con mucho sol, los interminables invernaderos con forma de túnel pueden producir tomates pálidos e insípidos que en esta receta se ven enriquecidos gracias al sabor del jerez y del puré de tomate. Es mejor servir esta rica sopa caliente, aunque también puede disfrutarse fría. (En cualquier caso, se trata de una sopa totalmente diferente al gazpacho -ver página 99- frío y crudo, en cuanto a la textura y al sabor.)

PARA 4–6 PERSONAS

900 g de tomates grandes y jugosos, en mitades

2 cucharadas de mantequilla

1 cucharada de aceite de oliva

1 cebolla grande, picada

2–3 cucharadas de puré de tomate, dependiendo del sabor de los tomates

900 ml de caldo de verdura

2 cucharadas de jerez amontillado

$^1/_2$ cucharadita de azúcar

sal y pimienta

pan crujiente, para servir

1 Caliente la parrilla a fuego fuerte y ponga las mitades de los tomates, con la parte abierta hacia arriba, sobre un papel vegetal, durante 5 minutos, a unos 10 cm de la fuente de calor, o hasta que los bordes empiecen a chamuscarse.

2 Mientras tanto, derrita la mantequilla con el aceite a fuego medio en una olla refractaria. Agregue la cebolla y sofríala unos 5 minutos, removiendo de vez en cuando. Incorpore el puré de tomate y siga sofriendo todo unos 2 minutos más.

3 Agregue el tomate y el caldo, junto con el jerez y el azúcar, y salpiméntelos al gusto. Remuévalo bien. Llévelo a ebullición y reduzca luego el fuego. Tape la cazuela y deje que hierva a fuego lento durante unos 20 minutos, o hasta que los tomates estén reducidos a la pulpa.

4 Ponga la sopa en un cuenco pasándola antes por el chino. Enjuague la cazuela y ponga en ella otra vez la sopa. Recaliéntela y déjela cocer destapada durante 10 minutos, o hasta que haya alcanzado la consistencia deseada. Repártala en cuencos individuales y sírvala con abundante pan.*

consejo del cocinero

Si no dispone de un chino, pase la sopa por la batidora o por un robot de cocina y cuélela con un colador fino para lograr una textura homogénea.

Si sirve la sopa fría, ponga 1 cucharada de crema agria en cada cuenco y espolvoréela con perejil.

102 # ajo blanco

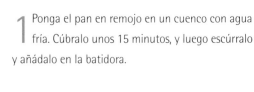

PARA 4–6 PERSONAS

500 g de pan blanco de pueblo del día anterior,
  sin la corteza y triturado

5 dientes de ajo, en mitades

125 ml de aceite de oliva virgen extra, y un poquito más
  para decorar

4–5 cucharadas de vinagre de jerez, a su gusto

300 g de almendras molidas

1,2 litros de agua fría

sal y pimienta blanca

uvas blancas, sin pepitas, para decorar

1 Ponga el pan en remojo en un cuenco con agua fría. Cúbralo unos 15 minutos, y luego escúrralo y añádalo en la batidora.

2 Agregue el ajo, el aceite, 4 cucharadas de vinagre de jerez y las almendras molidas, junto con 250 ml de agua. Tritúrelo todo hasta mezclarlo bien.

3 Con el motor aún en marcha, vierta lentamente el agua que ha quedado hasta que se forme una sopa homogénea. Pruébela y añada un poco más de vinagre de jerez si fuera necesario. Cubra la sopa y déjela enfriar un mínimo de 4 horas.

4 Para servir, remueva bien la sopa y rectifique el sabor, si fuera necesario. Repártala luego en cuencos decorada con uvas y un poco de aceite.

Los puentes y acueductos que se encuentran en numerosas ciudades españolas son un testimonio del alto grado de perfección arquitectónica alcanzado en la época romana.

pimientos rellenos

Éste es un plato de verduras que se puede servir como tapa, primer plato o comida ligera con una ensalada de tomate. Estos pimientos también son un acompañamiento ideal para carne.

PARA 6 UNIDADES

6 cucharadas de aceite de oliva, y un poco más
   para pintar los pimientos

2 cebollas, finamente picadas

2 dientes de ajo, machacados

140 g de arroz de grano corto

55 g de pasas

55 g de piñones

40 g de perejil fresco, finamente picado

sal y pimienta

1 cucharada de puré de tomate disuelta en 700 ml
   de agua caliente

4–6 pimientos rojos, verdes o amarillos (o mezclados),
   o 6 de la variedad larga mediterránea

1 Caliente el aceite en una cazuela. Agregue la cebolla y sofríala unos 3 minutos. Incorpore el ajo y sofríalo otros 2 minutos, o hasta que la cebolla esté tierna pero no dorada.

2 Añada el arroz, las pasas y los piñones, y remueva hasta que esté todo empapado en el aceite. Luego agregue la mitad del perejil y salpiméntelo al gusto. Añada el puré de tomate disuelto, remueva y llévelo a ebullición. Reduzca el fuego y deje que hierva unos 20 minutos, agitando la cazuela a menudo, o hasta que el arroz esté blando, el líquido haya sido absorbido y aparezcan pequeños agujeros en la superficie. Esté atento porque las pasas pueden pegarse y quemarse con rapidez. Sin dejar de remover, agregue el perejil y luego déjelo reposar hasta que se enfríe ligeramente.

3 Mientras tanto, corte el extremo superior de los pimientos y resérvelos. Extraiga el corazón y las pepitas de cada pimiento.*

4 Divida el relleno en partes iguales entre los pimientos. Utilice palillos para fijar las partes superiores. Pinte ligeramente los pimientos con aceite y colóquelos en una sola capa en una fuente de horno. Áselos a 200 °C unos 30 minutos, o hasta que estén blandos. Sírvalos calientes o bien deje que se enfríen a temperatura ambiente.

*consejo del cocinero
Si va a utilizar la variedad de pimiento puntiagudo mediterráneo, use una cuchara de melón o un cuchillo pequeño de cocina para extraer todas las pepitas.

106

piperrada

PARA 4–6 PERSONAS

aceite de oliva

1 cebolla grande, finamente picada

1 pimiento rojo grande, sin corazón, despepitado y picado

1 pimiento verde grande, sin corazón, despepitado y picado

2 tomates grandes, pelados, despepitados (ver página 63)
  y troceados

55 g de chorizo, finamente troceado, sin la piel

35 g de mantequilla

10 huevos grandes, ligeramente batidos

sal y pimienta

4–6 rebanadas gruesas de pan de pueblo, tostadas,
  para servir

1 Caliente 2 cucharadas de aceite en una sartén
a fuego medio. Agregue la cebolla y el pimiento,
y sofríalos durante unos 5 minutos, o hasta que la
verdura esté tierna pero no dorada. Incorpore luego
los tomates y caliéntelos. Póngalo todo en un plato y
manténgalo caliente en el horno precalentado a baja
temperatura.

2 A continuación, añada otra cucharada de aceite en
la sartén. Incorpore el chorizo y rehóguelo durante
30 segundos, lo suficiente como para dar sabor al aceite.
Agregue el chorizo a la verdura que había reservado.

3 En la sartén deberán quedar 2 cucharadas de aceite,
por lo que añada un poco más para llegar a la
cantidad deseada. Agregue la mantequilla y deje que se
derrita. Salpimente el huevo a su gusto e incorpórelo a
la sartén. Revuélvalo hasta que alcance la consistencia
deseada. Añada la verdura a la sartén y remuévalo todo.
Sirva la *piperrada* de inmediato con el pan caliente.

*A falta de un jardín, el balcón es ideal para disfrutar de la
llegada de la noche en la ciudad.*

ensalada de naranjas e hinojo

PARA 4 PERSONAS

4 naranjas grandes de zumo

1 bulbo grande de hinojo, cortado en rodajas muy finas

1 cebolla blanca suave, finamente picada

2 cucharadas de aceite de oliva virgen extra

12 aceitunas negras gordas, deshuesadas y cortadas
en láminas finas

1 guindilla roja, despepitada y en rodajas (opcional)

perejil fresco, finamente picado

pan de barra, para servir

1 Ralle finamente la piel de las naranjas en un cuenco
y resérvela. Con un cuchillo pequeño de sierra
extraiga la pulpa blanca de las naranjas sobre un
recipiente para recoger el zumo. Corte las naranjas
a lo ancho en rodajas finas.

2 Mezcle las rodajas de naranja junto con el hinojo
y la cebolla. Vierta el aceite en el zumo de naranja
reservado y remuévalo bien. A continuación, viértalo
con una cuchara por encima de las rodajas y esparza
luego las láminas de aceituna por encima. Agregue la
guindilla, si lo desea, y espolvoree la ensalada con la
ralladura de las naranjas y el perejil. Sírvala con
rebanadas de pan de barra.

variaciones

• Si quiere una comida más sustanciosa, añada bacalao
salado remojado y cocido (ver página 56).

• Las naranjas sanguinas dan un color más llamativo.

• Las uvas negras son una alternativa interesante a las
aceitunas.

*La plaza de Cataluña, en la ciudad condal, es un punto de
encuentro muy habitual para turistas y barceloneses.*

110 chorizo y huevos de codorniz

1 Precaliente la parrilla del horno. Coloque las rebanadas de pan en una bandeja metálica y áselas hasta que se doren por ambos lados.

2 Corte o doble por la mitad las lonchas de chorizo, dispóngalas luego sobre las tostadas y resérvelas.

3 Caliente una fina capa de aceite a fuego medio en una sartén grande unos 40 segundos, o hasta que un trozo de pan del día anterior empiece a chisporrotear. Rompa los huevos en la sartén y rocíelos con la grasa hasta que las claras cuajen y las yemas estén a su gusto.

4 Retire los huevos fritos de la sartén y escúrralos sobre papel de cocina. Dispóngalos encima de las tostadas con chorizo y espolvoreados con el pimentón. Salpiméntelos al gusto y sírvalos de inmediato.

*consejo del cocinero
A pesar de su apariencia delicada, los huevos de codorniz son difíciles de romper porque debajo de la cáscara tienen una gruesa membrana. Por ello, tenga a mano unas tijeras para cortar dicha membrana cuando rompa los huevos en la sartén.

Esta receta no tiene nada de tradicional, sino que constituye más bien un ejemplo del nuevo estilo de las tapas que impera en los restaurantes de lujo de las grandes ciudades. Es un plato ideal para disfrutar con una copa de cava frío.

PARA 12 UNIDADES
12 rebanadas de pan de barra de unos 0,5 cm de grosor, cortadas diagonalmente
unos 40 g de chorizo curado listo para comer, cortado en 12 lonchas finas
aceite de oliva
12 huevos de codorniz
pimentón suave
sal y pimienta

PLATOS PRINCIPALES

114 Un resumen de la gastronomía española quedaría incompleto sin los magníficos platos de marisco que proporcionan las costas del Mediterráneo y el Cantábrico, y los deliciosos platos de carne que pueden degustarse a lo largo de todo el territorio. La comida española suele ser en general sencilla y poco condimentada, a diferencia de lo que ocurre, por ejemplo, en Francia.

En España se suele servir la verdura como parte del plato principal o también como un plato aparte, más que como un simple acompañamiento. Este es el caso de los muslos de pollo con habas y champiñones (ver página 126), la ternera con verduras en escabeche (ver página 139), el cordero asado con ajo y romero (ver página 143) y el bacalao a la catalana (ver página 169), entre otros.

La paella (ver página 121), el plato de arroz que se sazona con azafrán, es muy popular y valorado en todo el mundo. La receta que aquí se presenta incluye trozos de pollo y marisco, aunque los ingredientes pueden variar en función de los que tenga a mano. El arroz y el marisco combinan muy bien, y el arroz negro (ver página 122), que recibe el color y el sabor de la tinta del calamar, es otro de los platos típicos.

Los restaurantes que se extienden a lo largo y ancho de la costa del Mediterráneo fríen pescado y marisco recién salido del mar. Pero usted también puede degustar esta comida tradicional en su propia casa preparando el clásico pescadito frito (ver página 159). Además del pescado, hay otro elemento fundamental en la gastronomía española: la carne. El lomo de cerdo al chilindrón (ver página 140) y la caldereta de cordero con garbanzos (ver página 144) son ejemplos de los guisos fuertes y sabrosos que proporcionan energía y un agradable sustento durante los fríos inviernos.

La codorniz con uvas (ver página 135) es un plato que refleja la gran pasión que existe en España por la caza. Es muy sabroso y dulce, y un auténtico manjar para conquistar a sus invitados.

Para una comida familiar rápida de entre semana haga las albóndigas con guisantes (ver página 136), el arroz con chorizo y gambas (ver página 125) y las salchichas de cordero con lentejas (ver página 147).

La comida española apenas tiene en cuenta a los vegetarianos que no incluyen pescado o marisco en sus dietas. Afortunadamente, en los menús siempre hay platos con huevos, y la *piperrada* (ver página 106) o los huevos a la flamenca (ver página 77), sin el chorizo, son deliciosos y muy apropiados para este tipo de cocina. La tortilla (ver página 42) es otro plato tradicional que siempre se puede pedir. Las ensaladas frescas son una buena opción para los vegetarianos, y la ensalada de pimientos de Murcia (ver página 178) hace las veces de un plato principal si se sirve con pan recién salido del horno. Aunque los huertos españoles proporcionan verdura fuera de temporada al resto de Europa, los productos del tiempo se valoran mucho en España, por eso las ensaladas son un magnífico festín de llamativos colores y deliciosos sabores. Durante los meses de verano, las ensaladas y las barbacoas se

Los productos de temporada son muy valorados en España, por eso las ensaladas son un magnífico festín de colores y deliciosos sabores

convierten en platos muy habituales. La mayoría de ellas se suelen acompañar con una botella de vino, aunque, en comparación con los franceses, los españoles están menos pendientes de la convención que dice que el vino blanco debe beberse con el marisco y el tinto con la carne. En general, la bebida que elija será casi con toda probabilidad de producción local y combinará a la perfección con los platos típicos. Así, por ejemplo, si se encuentra en el País Vasco o en algún otro punto del golfo de Vizcaya, es fácil que le sirvan sidra.

Páginas 118 y 119 *El Palacio Real se eleva con solemnidad sobre la ciudad de Madrid.*

paella

A diferencia del risotto, el arroz de una buena paella no nada en un caldo espeso y primero se rehoga en aceite. Para evitar que el arroz quede excesivamente aceitoso, hay que bajar el fuego poco a poco a medida que el líquido se vaya evaporando.

PARA 6–8 PERSONAS

2 pellizcos de hebras de azafrán

400 g de arroz de grano corto

16 mejillones frescos

unas 6 cucharadas de aceite de oliva

6–8 muslos de pollo con hueso

140 g de chorizo, cortado en lonchas de 5 mm, sin la piel

2 cebollas grandes, picadas

4 dientes de ajo grandes, machacados

1 cucharadita de pimentón suave o picante, a su gusto

100 g de judías verdes u otra variedad, troceadas

100 g de guisantes congelados

1,2 litros de caldo de pescado, pollo o de verdura

sal y pimienta

16 gambas crudas, peladas y sin el hilo intestinal (ver página 64)

2 pimientos dulces rojos, asados, sin piel (ver página 74), y en tiras

35 g de perejil fresco, finamente picado

1 Ponga las hebras de azafrán en un cuenco pequeño, vierta 4 cucharadas de agua caliente y resérvelas. Ponga el arroz en un tamiz y aclárelo hasta que el agua salga limpia. Resérvelo. Lave los mejillones, quite las barbas y resérvelos. Deseche los que estén rotos o abiertos y no se cierren al darles un golpecito.

2 Caliente 3 cucharadas de aceite en una paella o en una cazuela a fuego medio. Agregue los muslos de pollo con el lado de la piel hacia abajo y sofríalos unos 5 minutos, o hasta que estén dorados y crujientes. Luego póngalos en un cuenco.

3 Ponga el chorizo en la sartén y sofríalo 1 minuto. Añada a continuación el pollo.

4 Caliente otras 3 cucharadas de aceite en la paella. Agregue la cebolla y sofríala unos 2 minutos, añada después el ajo y la pimienta, y siga sofriéndolo 3 minutos, o hasta que la cebolla esté tierna pero no dorada.

5 Agregue el arroz seco, las judías y los guisantes a la paella y remuévalos para impregnarlos de aceite. Incorpore el pollo y el chorizo con su jugo. Vierta el caldo con el azafrán y salpiméntelo. Llévelo a ebullición sin dejar de remover.

6 Reduzca a fuego bajo y deje que hierva, sin remover, unos 15 minutos*, o hasta que el arroz esté blando y haya absorbido casi todo el líquido.

7 Disponga por encima los mejillones, las gambas y las tiras de pimiento, cubra la cazuela y déjelo hervir 5 minutos más, o hasta que las gambas queden rosadas y los mejillones se abran.

8 Deseche los mejillones cerrados, espolvoree el arroz con el perejil y sírvalo de inmediato.

consejo del cocinero

La primera vez que haga paella, precaliente el horno a 190 °C mientras el arroz se cuece a fuego lento. El calor de los fogones no es siempre constante, por lo que es difícil decir cuánto tiempo tarda en absorberse el líquido. Si hay mucho líquido en la superficie, ponga la bandeja en el horno, cúbrala y déjela cocer unos 10 minutos, o hasta que se absorba casi todo el caldo.

arroz negro

La forma más simple de elaborar esta popular receta mediterránea es comprando los cuerpos de calamar ya limpios y preparados por el pescadero. Los sobres de tinta se pueden adquirir por separado. Si compra un calamar entero, la bolsa que contiene la tinta, que es la que le da al plato su color característico, está situada justo debajo de los tentáculos; procure manipularla con cuidado para que no se rompa.* Use un buen caldo de pescado en lugar de cubitos.

PARA 4–6 PERSONAS

400 g de arroz de grano corto

6 cucharadas de aceite de oliva

1 cebolla grande, cortada en rodajas finas

2 dientes de ajo grandes, machacados

2 tomates, asados, pelados, despepitados (ver página 63), y finamente troceados

1 cuerpo de calamar limpio*, cortado en aros de 5 mm (si tiene los tentáculos, resérvelos)

1 litro de caldo de pescado

la bolsa de tinta del calamar

sal y pimienta

12 gambas grandes, crudas, peladas y sin el hilo intestinal (ver página 64)

los tentáculos del calamar, si los tiene

2 pimientos rojos, asados, pelados (ver página 74), despepitados y en tiras

1 porción de allioli (ver página 232), para servir

1 Ponga el arroz en un tamiz y aclárelo hasta que el agua salga limpia. Resérvelo.

2 A continuación, caliente el aceite en una cazuela grande y poco profunda, o en una sartén, a fuego medio. Agregue la cebolla y sofríala durante unos 3 minutos, añada después el ajo y siga sofriéndolo todo unos 2 minutos más, o hasta que la cebolla esté tierna pero no dorada.

3 Incorpore el tomate a la sartén y déjelo hervir a fuego lento hasta que esté muy blando. A continuación, añada los aros de calamar y rehóguelos hasta que estén opacos.

4 Agregue el arroz y remuévalo hasta que esté bien rehogado con el aceite. Vierta el caldo y la tinta, y llévelo a ebullición. Reduzca el fuego y déjelo unos 15 minutos, sin removerlo, pero agitando la sartén a menudo, hasta que se haya absorbido la mayor parte del caldo y se formen agujeros en la superficie.

5 Incorpore las gambas, los tentáculos y las tiras de pimiento y remuévalo ligeramente. Tape la sartén y deje que siga hirviendo durante unos 5 minutos, hasta que las gambas estén rosadas y los tentáculos tomen un color opaco y se ricen.

6 Pruebe y sazone a su gusto. Sirva cada uno de los platos con un poco de *allioli*.

*consejo del cocinero

Para preparar el calamar, corte los tentáculos justo por debajo de los ojos. Deseche el pico duro pero conserve los tentáculos si los va a utilizar. Sujete el cuerpo en una mano y, con la otra, retire la cabeza. Extraiga y reserve el saco de tinta, pero deseche el resto de las vísceras. Con los dedos, saque de la cavidad el hueso transparente con forma de pluma. Retire la membrana exterior del animal. Corte y deseche las aletas. Enjuague el cuerpo y presiónelo con papel de cocina para secarlo. Puede utilizar toda la cavidad del cuerpo para rellenarla, o bien cortarlo en rodajas.

arroz con chorizo y gambas

Los supermercados ofrecen una colección casi interminable de ingredientes ya preparados que ayudan a que la cocina en casa sea más rápida y sencilla. Este es el caso del grano de arroz largo de cocción rápida. Si no encuentra esta variedad, utilice cualquier otro tipo de arroz para preparar esta excelente receta.

PARA 4 PERSONAS

2 cucharadas de aceite de oliva

1 cebolla grande, picada

1 pimiento rojo, sin corazón, despepitado y troceado

1 pimiento verde, sin corazón, despepitado y troceado

2 dientes de ajo grandes, majados

1 tomate grande, troceado

200 g de arroz de paella de cocción rápida

sal y pimienta

200 g de chorizo, en rodajas de 5 mm, sin piel

450 ml de caldo de verdura, pescado o pollo

450 g de gambas grandes, crudas, peladas y
  sin hilo intestinal (ver página 64)

2 cucharadas de perejil finamente picado, para decorar

1 Caliente el aceite a fuego medio en una sartén grande. Agregue luego la cebolla y el pimiento, y sofríalos unos 2 minutos. Incorpore el ajo y siga sofriendo, removiendo los ingredientes, durante unos 3 minutos, o hasta que la cebolla y el pimiento estén tiernos pero no dorados.

2 Añada el tomate, el arroz y salpimente a su gusto. Siga sofriéndolo todo unos 2 minutos más.

3 Incorpore el chorizo y remuévalo. Vierta el caldo y llévelo a ebullición. Reduzca el fuego, cubra la sartén y deje que cueza bien 15 minutos, o hasta que el arroz esté blando pero todavía caldoso.

4 Añada las gambas, cubra de nuevo la sartén y deje que cuezan unos 5 minutos, o hasta que se vuelvan rosadas y el líquido haya sido absorbido. Si el arroz sigue estando muy caldoso, déjelo cocer unos 2 minutos más sin cubrir. Sazónelo de nuevo si fuera necesario. Sírvalo enseguida espolvoreado con el perejil.

126 muslos de pollo con habas y champiñones

Muchas personas evitan comer habas debido a la piel gris, áspera y poco apetitosa que las envuelve. A menos que sean pequeñas y tiernas, es mejor blanquear las habas antes de cocinarlas.

PARA 4 PERSONAS

300 g de habas frescas o congeladas, peladas

aceite de oliva

8 muslos de pollo, sin hueso, con piel

1 cebolla grande, cortada finamente en rodajas

1 diente grande de ajo, machacado

500 g de champiñones, limpios y cortados
   en rodajas gruesas

sal y pimienta

500 ml de caldo de pollo

perejil fresco finamente picado, para decorar

patatas fritas (ver página 247), para servir

1 Para blanquear las habas, ponga agua con sal en una olla y llévela a ebullición. Agregue las habas y hiérvalas 5-10 minutos, o hasta que estén blandas. Escúrralas y póngalas en un cuenco con agua fría para evitar que se sigan haciendo. Pélelas y resérvelas.

2 Caliente 2 cucharadas de aceite a fuego medio en una sartén grande con tapa o en una cazuela refractaria. Incorpore 4 muslos de pollo con la piel hacia abajo y fríalos unos 5 minutos, o hasta que la piel esté crujiente y dorada. Sáquelos de la sartén y manténgalos calientes. Fría los muslos restantes añadiendo un poco más de aceite si fuera necesario.

3 Quite parte del aceite de la sartén, agregue la cebolla y sofríala unos 3 minutos. A continuación, incorpore el ajo y siga sofriendo todo durante 5 minutos más, o hasta que la cebolla esté dorada. Añada los champiñones y salpiméntelo al gusto. Continúe sofriendo unos 2 minutos más, o hasta que los champiñones hayan absorbido toda la grasa y empiecen a soltar líquido.

4 Ponga los muslos de pollo de nuevo en la sartén, con la piel hacia arriba. Vierta el caldo de pollo en la sartén y llévelo a ebullición. Reduzca el fuego, tape bien la sartén y deje que hierva todo unos 15 minutos.

5 Añada las habas y déjelas hervir 5 minutos más, o hasta que estén blandas* y el jugo del pollo salga claro al pinchar un muslo. Sazone el guiso al gusto. Espolvoréelo con el perejil y sírvalo con patatas fritas.

consejo del cocinero

Las habas sin blanquear pueden tardar 20 minutos en cocer, dependiendo de su grado de madurez. Las habas congeladas pueden incluirse en el paso 5 directamente del congelador. Déjelas cocer unos 5 minutos para que se ablanden.

pollo al ajillo

Encontrará diferentes versiones de este sencillo plato en los restaurantes del interior de España. Una cocción lenta y suave del ajo eliminará su sabor picante y lo ablandará (májelo en el borde del plato para repartirlo sobre el pollo). Sírvalo con patatas fritas (ver página 247).

PARA 4–6 PERSONAS

4 cucharadas de harina común

pimentón, picante o dulce, al gusto

sal y pimienta

1 pollo grande, de unos 1,75 kg, partido en 8 trozos,
   lavados y secados con papel de cocina

4–6 cucharadas de aceite de oliva

24 dientes de ajo grandes, pelados y cortados
   por la mitad

450 ml de caldo de pollo, preferiblemente hecho en casa

4 cucharadas de vino blanco seco, como un rioja blanco

2 ramitas de perejil, 1 hoja de laurel y 1 ramita
   de tomillo fresco, atados

perejil fresco y hojas de tomillo, para decorar

1 Tamice la harina sobre un plato y sazónela con el pimentón, la sal y la pimienta a su gusto. Reboce los trozos de pollo por los dos lados y sacúdalos para eliminar el exceso de harina.

2 Caliente 4 cucharadas de aceite a fuego medio en una sartén grande o en una cazuela refractaria. Agregue el ajo y sofríalo durante 2 minutos, removiendo, para que el aceite tome su sabor. Saque luego el ajo con una espumadera y déjelo aparte sobre un papel de cocina para que escurra.

3 Ponga en la sartén tantos trozos de pollo como sea posible, con el lado de la piel hacia abajo. Forme sólo una capa. (Si es necesario trabaje en tandas para evitar que la sartén se llene demasiado y añada un poco de aceite.) Fría el pollo unos 5 minutos hasta que la piel se dore. Déle después la vuelta y siga friéndolo durante unos 5 minutos más.

4 Elimine el exceso de aceite. Incorpore de nuevo en la sartén el ajo y el pollo, y añada el caldo, el vino y las hierbas. Llévelo a ebullición y reduzca luego el fuego. Cubra la sartén y deje que cueza todo a fuego lento unos 20-25 minutos, o hasta que el pollo esté hecho y tierno, y el ajo muy blando.

5 Ponga después el pollo en una bandeja para servir y manténgalo caliente. Lleve a ebullición el líquido que haya quedado en la sartén, con el ajo y las hierbas, y deje que cueza hasta que el jugo quede reducido a unos 300 ml. Saque las hierbas y deséchelas. Pruebe el caldo y rectifíquelo de sal si fuera necesario.

6 Reparta la salsa y los dientes de ajo sobre los trozos de pollo. Sírvalo decorado con perejil y tomillo.

pollo al pimentón sobre cebollas y jamón

Marinar las pechugas de pollo en zumo de limón es un viejo truco para que la carne quede un poco más tierna. Para lograr un mejor resultado, deje el pollo en el adobo durante toda la noche.

PARA 4 PERSONAS

4 filetes de pechuga de pollo, con piel

150 ml de zumo de limón recién exprimido

1¹/₂ cucharadas de pimentón suave o picante, al gusto

sal y pimienta

unas 2 cucharadas de aceite de oliva

70 g de jamón serrano, cortado en dados

4 cebollas grandes, cortadas en rodajas finas

125 ml de vino blanco seco

125 ml de caldo de pollo

tomillo y perejil frescos picados, para decorar

1 Ponga las pechugas en un cuenco no metálico y rocíelas con el zumo de limón. Déjelas marinar en el frigorífico toda la noche.

2 Saque el pollo de la salsa marinada y séquelo con papel de cocina. Frote luego la piel de las pechugas con el pimentón y salpiméntelas al gusto.

3 Caliente 2 cucharadas del aceite a fuego medio, agregue el pollo con la piel hacia abajo y fríalo unos 5 minutos, o hasta que la piel esté crujiente y dorada. Saque las pechugas de la sartén.

4 Incorpore los dados de jamón. Cubra la sartén y sofríalos unos 2 minutos, o hasta que no quede más grasa. Agregue la cebolla y siga sofriendo, removiendo, unos 5 minutos más, o hasta que esté tierna pero no dorada. Eche un poco más de aceite si fuera necesario.

5 Añada el vino y el caldo, y llévelos a ebullición, sin dejar de remover. Vuelva a poner las pechugas de pollo en la sartén y salpiméntelas al gusto. Reduzca el fuego, cubra la sartén y deje que cueza alrededor de unos 20 minutos, o hasta que el pollo esté bien hecho y el jugo salga claro.

6 Coloque luego las pechugas en una bandeja y manténgalas calientes en el horno. Lleve la salsa a ebullición y deje que hierva hasta que se reduzca. Sazónela al gusto. Reparta el sofrito de cebollas en 3 platos calientes y disponga las pechugas encima. Sírvalas de inmediato decoradas con las hierbas.

A la hora de la siesta, las calles de las ciudades o pueblos suelen quedar desiertas.

muslos de pato con aceitunas

*El pato es un ingrediente típico en muchas recetas de
Navarra, Cataluña y Andalucía. Ésta es fácil de hacer.*

PARA 4 PERSONAS

4 muslos de pato, sin la grasa

800 g de tomates de lata, troceados

8 dientes de ajo, pelados y enteros

1 cebolla grande, picada

1 zanahoria, pelada y finamente troceada

1 tallo de apio, pelado y finamente troceado

3 ramitas de tomillo fresco

100 g de aceitunas verdes rellenas de pimiento,
    lavadas

sal y pimienta

1 cucharadita de ralladura de naranja

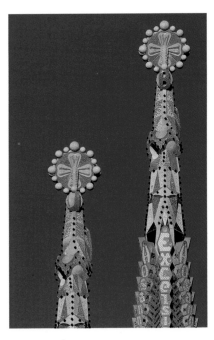

*Los vivos colores de la Sagrada Familia de
Gaudí contrastan con el cielo de Barcelona.*

1 Ponga los muslos en una cazuela o en una sartén
de fondo grueso con una tapa que ajuste bien.
Agregue el tomate, el ajo, la cebolla, la zanahoria, el apio,
el tomillo y las aceitunas, y mézclelo todo. Salpimente
al gusto.

2 Cuézalo todo a fuego fuerte y sin cubrir hasta que
los ingredientes empiecen a burbujear. Rebaje luego
el fuego al mínimo, tápelo bien y deje que el pato se
cueza a fuego lento durante $1^1/_4$-$1^1/_2$ hora, o hasta que
esté muy tierno. Añada un poco de agua si la mezcla
parece estar quedándose sin caldo.

3 Cuando el pato esté tierno, póngalo en una bandeja,
cúbralo y manténgalo caliente en el horno. Sin tapar
la cazuela, aumente el fuego a medio y cuézalo durante
unos 10 minutos, o hasta que la salsa espese. Agregue
la ralladura de naranja. Sazónelo.

4 Maje el ajo tierno con un tenedor y repártalo sobre
los muslos. Con una cuchara, vierta la salsa por
encima del pato y sírvalo.

codornices con uvas

La caza es una actividad frecuente en España y la gran variedad de platos que proporciona la recogen los menús de muchos restaurantes.

PARA 4 PERSONAS
para el pastel de patata
600 g de patatas sin pelar
35 g de mantequilla sin sal o manteca
   de cerdo
1¹/2 cucharada de aceite de oliva

4 cucharadas de aceite de oliva
8 codornices limpias
280 g de uvas verdes, sin pepitas
225 ml de zumo de uva
2 clavos
unos 150 ml de agua
sal y pimienta
2 cucharadas de brandy

1 Hierva las patatas para el pastel unos 10 minutos. Escúrralas, deje que se enfríen completamente y luego pélelas, ráyelas en tiras grandes y salpiméntelas. A continuación resérvelas.

2 Caliente el aceite a fuego medio en una sartén de fondo grueso o en una cazuela refractaria, lo suficientemente grande como para poder colocar las codornices en una sola capa. Añada luego las codornices y fríalas por todos los lados hasta que estén doradas.

3 Agregue las uvas, el zumo de uva, el clavo y agua suficiente para cubrir las codornices por la mitad, y salpiméntelas al gusto. Cubra el guiso y deje que cueza durante unos 20 minutos. Pase las codornices y la salsa a un molde para asar, si no las va a hacer en la cazuela, y riéguelas con el brandy. A continuación, colóquelas en un horno precalentado a 230 °C y áselas sin cubrir unos 10 minutos.

4 Mientras tanto, prepare el pastel de patata. Para ello, derrita a fuego fuerte la mantequilla (o la manteca) con el aceite en una sartén antiadherente de unos 30 cm de diámetro. Cuando la grasa esté caliente, añada las tiras de patata y dispóngalas en una capa uniforme. Reduzca el fuego y deje que hiervan a fuego lento unos 10 minutos. Coloque un plato sobre la sartén y, con unos guantes para horno, inviértala para que el pastel caiga sobre el plato. Deslícelo de nuevo sobre la sartén y deje que se siga haciendo otros 10 minutos, o hasta que el pastel esté hecho y crujiente. Sáquelo de la sartén y córtelo en 4 porciones en forma de cuña. Mantenga calientes las porciones de pastel de patata hasta que las codornices estén listas.

5 A continuación, ponga una porción del pastel y 2 codornices en cada plato. Pruebe la salsa de uva y rectifique el condimento, si fuera necesario. Riegue las codornices con la salsa y sírvalas enseguida.

136 albóndigas con guisantes

PARA 4–6 PERSONAS

500 g de carne picada de vacuno

1 cebolla rallada

55 g de pan blanco fresco rallado

1 huevo, ligeramente batido

25 g de perejil fresco, finamente picado

sal y pimienta

aceite de oliva

2 cebollas grandes, en rodajas finas

1 porción de salsa de tomate y pimiento
   (ver página 236)

200 g de guisantes congelados

1 Ponga la carne en un cuenco con la cebolla rallada, el pan, el huevo y el perejil. Salpiméntelo al gusto. Mezcle todos los ingredientes con las manos. Fría un poco de la mezcla, pruébela rectifique de sal.

2 Con las manos mojadas, divida luego la mezcla en 12 bolitas y déjelas en un plato unos 20 minutos para que se concentre el sabor.

3 Caliente a continuación un poco del aceite en una sartén. La cantidad exacta de aceite dependerá de la grasa que tenga la carne. Coloque las bolitas de carne en una sola capa, sin llenar demasiado la sartén, y fríalas, sin dejar de remover, unos 5 minutos, o hasta que se doren por fuera. Trabaje en tandas si fuera necesario.

4 Aparte las albóndigas y quite el aceite dejando sólo 2 cucharadas en la sartén. Agregue la cebolla y sofríala unos 5 minutos, o hasta que esté tierna pero no dorada. Vuelva a poner las albóndigas en la sartén.

5 Incorpore después la salsa de tomate y pimiento y llévela a ebullición. Impregne bien la cebolla y las las albóndigas. Reduzca el fuego y cueza el guiso a fuego lento unos 20 minutos. Añada los guisantes y deje que cuezan unos 10 minutos más, o hasta que estén tiernos y las albóndigas, hechas. Sírvalas de inmediato.

ternera con verduras en escabeche

1 Para el escabeche, caliente el aceite a fuego medio en una sartén. Agregue luego el chalote y el azafrán, y sofríalos unos 7 minutos, hasta que el chalote empiece a caramelizarse. Añada la zanahoria, los guisantes y la coliflor. Reduzca el fuego al mínimo, cubra la sartén y rehóguelo unos 5 minutos, o hasta que la verdura esté blanda y crujiente. Agregue el vinagre, las semillas de cilantro, los granos de pimienta, el laurel, y remuévalo. Retire la sartén del fuego y déjela enfriar.

2 Cuando vaya a empezar a cocinar, aliñe las chuletas con más aceite y salpiméntelas al gusto. Colóquelas bajo una parrilla precalentada, a unos 10 cm de la fuente de calor, y áselas durante 3 minutos. Déles la vuelta y áselas 2 minutos más, si le gustan en su punto.

Puede preparar la mezcla del escabeche dos días antes y guardarla en el frigorífico en un recipiente hermético con aceite. El escabeche también combina bien con filetes o chuletas de cerdo asados a la parrilla o con carne de ave asada.

3 Coloque las chuletas en platos individuales y ponga un poco del escabeche a cada lado. Esparza el cebollino sobre la verdura y alíñela con un poco del aceite con sabor a ajo. Sirva este plato de inmediato.

PARA 4 PERSONAS

para el escabeche de verduras

150 ml de aceite de oliva

4 chalotes, en rodajas

2 pellizcos de hebras de azafrán

450 g de zanahorias tiernas, peladas y en finas rodajas

225 g de judías verdes, finamente troceadas

225 g de cogollitos de coliflor pequeños

3 cucharadas de vinagre de vino blanco

1 cucharadita de semillas de cilantro, majadas

1/2 cucharadita de granos de pimienta negra

1 hoja de laurel partida por la mitad

4 chuletas de lomo de ternera, de unos 225 g y 2 cm de grosor cada una

sal y pimienta

2 cucharadas de cebollino fresco, finamente cortado

aceite de oliva con sabor a ajo, para aliñar

Sevilla cuenta con un gran número de edificios de gran valor histórico que son el orgullo de sus habitantes.

lomo de cerdo al chilindrón

Cocinar al chilindrón es típico en toda España, pero especialmente en las regiones del norte, donde las arduas condiciones climáticas propician recetas fuertes y muy condimentadas. Las guindillas secas dan a este plato un sabor algo picante, de modo que puede utilizar ñoras secas si lo quiere más suave. El cerdo tiene que dejarse marinar como mínimo 8 horas.

PARA 4–6 PERSONAS

900 g de lomo de cerdo, deshuesado y sin grasa, pero en una pieza

225 ml de vino blanco seco

6 dientes de ajo, majados

2 guindillas secas

unas 4 cucharadas de aceite de oliva

2 cebollas grandes, picadas

4 pimientos rojos o verdes, o mezclados, asados y pelados (ver página 74), despepitados y en tiras

1/2 cucharadita de pimentón picante

800 g de tomates de lata, troceados

2 ramitas de tomillo fresco

2 ramitas de perejil fresco

sal y pimienta

1 Ponga el cerdo en un cuenco no metálico. Riéguelo con el vino y añada 4 dientes de ajo. Cubra el recipiente con plástico de cocina y déjelo en el frigorífico un mínimo de 8 horas.

2 Ponga los chiles en un cuenco refractario y cúbralos con suficiente agua hirviendo. Déjelos reposar unos 20 minutos para que se ablanden. Después, despepítelos y trocéelos. Finalmente, resérvelos.

3 Caliente 4 cucharadas de aceite a fuego medio en una cazuela refractaria de fondo grueso. Añada la cebolla y sofríala durante 3 minutos. Agregue los dientes de ajo que queden, la guindilla troceada, las tiras de pimiento y el pimentón, y sofríalo 2 minutos más, o hasta que la cebolla esté blanda pero no dorada. Con una espumadera, pase toda la mezcla a un plato, dejando un poco de aceite en la cazuela.

4 Escurra la carne, reservando la marinada, y séquela presionando con papel de cocina. Incorpore el cerdo en la cazuela y sofríalo hasta que se dore por los dos lados.

5 Vuelva a poner el sofrito de cebolla en la cazuela con el cerdo y mézclela con la marinada, el tomate con su jugo y las hierbas. Salpiméntelo al gusto. Llévelo a ebullición raspando los trozos que hayan podido quedar pegados en el fondo de la cazuela. Coloque la cazuela en un horno a 160 °C y ase la carne durante 1 hora, o hasta que esté blanda.

6 Si la salsa queda demasiado líquida, saque el cerdo de la cazuela y manténgalo caliente. Ponga la cazuela al fuego y deje que el jugo se reduzca hasta que alcance la consistencia deseada.

7 Pruebe el guiso y rectifíquelo de sabor con sal y pimienta si lo desea. Corte tantas tajadas de cerdo como vaya a servir y acompáñelas con los pimientos y la salsa de la cazuela.

cordero asado con ajo y romero

Un universo de aromas llenará su cocina cuando prepare esta sencilla receta de Aragón, una región conocida por su delicioso cordero lechal, cuya carne tierna se aromatiza con las hierbas silvestres de los pastos. Si quiere un sabor a ajo intenso, tiene que marinar el cordero un mínimo de 2 horas.

PARA 6–8 PERSONAS

15 dientes de ajo, sin pelar

aceite de oliva

1 pierna de cordero, de unos 1,3 kg

un manojo de romero fresco y tierno

sal y pimienta

24 patatas nuevas, lavadas pero enteras

250 ml de vino tinto de la Rioja o de Navarra, como prefiera

1 Frote en las manos los dientes de ajo con el aceite para impregnarlos. Colóquelos en un pequeño molde para horno y áselos a 200 °C durante unos 20 minutos, o hasta que estén muy tiernos. Si el ajo se oscurece demasiado, cúbralo con papel de aluminio, con la parte brillante hacia dentro.

2 Pele el ajo, májelo luego con un tenedor o una mano de mortero y forme una masa con 1/2 cucharadita de aceite. Haga pequeñas incisiones por toda la carne y rellénelas con la masa. Deje que marine un mínimo de 2 horas.

3 Seguidamente disponga el cordero en un molde para asar sobre un lecho de romero y salpiméntelo. Frote las patatas con aceite y colóquelas alrededor del cordero. Espolvoréelo con un poco más de romero y sazónelo.

Áselo en un horno a 230 °C unos 10 minutos, reduzca luego la temperatura a 180 °C y áselo unos 15 minutos más por 500 gramos de carne, más otros 15 minutos para que esté en su punto, o hasta que la temperatura de un termómetro para carne alcance los 70 °C en el interior.

4 Pase el cordero a la bandeja donde vaya a trincharlo y déjelo reposar 10 minutos antes de cortarlo. En este punto las patatas deberían estar blandas; si no es así, póngalas en el horno en otro plato mientras limpia el molde.

5 Reserve las ramitas de romero y elimine la grasa del molde. Vierta en él el vino y llévelo a ebullición, raspando los restos que se hayan quedado pegados en la base. Deje que la salsa siga hirviendo hasta que se reduzca a la mitad. Rectifíquela de sal y pimienta.

6 Trinche el cordero, sírvalo con las patatas y riéguelo bien con la salsa.

144 caldereta de cordero con garbanzos

PARA 4–6 PERSONAS

aceite de oliva

225 g de chorizo cortado en rodajas de 5 mm
 de grosor, sin la piel

2 cebollas grandes, picadas

6 dientes de ajo grandes, machacados

900 g de pierna de cordero sin hueso, cortada en dados
 de 5 cm

250 ml de caldo de cordero o agua

125 ml de vino

2 cucharadas de vinagre de jerez

800 g de tomates de lata troceados

sal y pimienta

4 ramitas de tomillo fresco

2 hojas de laurel

1/2 cucharadita de pimentón dulce

800 g de garbanzos de bote, aclarados y escurridos

ramitas de tomillo fresco, para adornar

1 Caliente 4 cucharadas de aceite a fuego medio en
una cazuela. Reduzca luego el fuego, incorpore el
chorizo y sofríalo 1 minuto. Resérvelo. Añada la cebolla
y sofríala unos 2 minutos. Agregue el ajo y siga sofriendo
todo 3 minutos más, o hasta que la cebolla esté tierna
pero no dorada. Saque la cebolla y el ajo, y resérvelos.

2 Caliente 2 cucharadas de aceite. Añada los dados
de cordero en una sola capa y sofríalos hasta que
se doren por todos los lados.

3 Vuelva a incorporar el sofrito de cebolla en la cazuela
con el cordero. Añada el caldo, el vino, el vinagre y el
tomate con su jugo y remuévalo. Salpiméntelo al gusto.
Llévelo todo a ebullición y raspe los trozos que se hayan
quedado pegados en el fondo de la cazuela. Reduzca
el fuego e incorpore el tomillo, el laurel y el pimentón,
y remuévalo.

4 Ponga la cazuela tapada en el horno a 160 °C unos
40-45 minutos, o hasta que la carne esté tierna.
Incorpore los garbanzos y remuévalo. Vuelva a ponerlo
en el horno, sin cubrir, y déjelo unos 10 minutos,* o hasta
que los garbanzos estén bien hechos y el caldo se haya
reducido.

5 Rectifíquelo de sal y pimienta si lo desea. Sírvalo
decorado con tomillo.

consejo del cocinero
Si el guiso queda demasiado caldoso, ponga la cazuela
al fuego y saque la carne y los garbanzos con una
espumadera. Llévelo a ebullición hasta que se reduzca
e incorpore luego los otros ingredientes.

salchichas de cordero con lentejas

Aunque son de origen argelino, estas picantes salchichas se han abierto camino en los mercados españoles y son ideales para este copioso plato de pimientos y lentejas. También puede utilizar chorizo cortado en dados de 4 centímetros, o salchichas frescas de cerdo, jabalí o ternera.

PARA 4–6 PERSONAS

2 cucharadas de aceite de oliva

12 salchichas de cordero

2 cebollas, finamente picadas

2 pimientos rojos, sin corazón, despepitados y troceados

1 pimiento naranja o amarillo, sin corazón, despepitado y troceado

280 g de lentejas verdes pequeñas, lavadas

1 cucharadita de tomillo o mejorana seca

450 ml de caldo de verdura

sal y pimienta

4 cucharadas de perejil fresco picado

vinagre de vino tinto, para servir

1 Caliente el aceite a fuego medio. Añada luego las salchichas y sofríalas, sin dejar de remover, unos 10 minutos, o hasta que estén doradas. Sáquelas de la sartén y resérvelas.

2 Retire casi todo el aceite de la sartén y deje sólo 2 cucharadas. Incorpore la cebolla y el pimiento, y rehóguelos unos 5 minutos, o hasta que estén tiernos pero no dorados. Agregue las lentejas y el tomillo o la mejorana y remuévalos hasta que estén impregnados en el aceite.

3 Vierta el caldo y llévelo a ebullición. Reduzca el fuego, cubra la sartén y déjelo cocer a fuego lento unos 30 minutos, o hasta que las lentejas estén blandas y se haya absorbido el líquido. En caso de que estén tiernas pero demasiado caldosas, destape la sartén y deje que siga cociendo hasta que se evapore. Salpiméntelas al gusto.

4 A continuación, vuelva a poner las salchichas en la sartén, caliéntelas y mézclelas con el perejil. Sírvalas al lado de las lentejas y aliñe cada plato con un poco de vinagre de vino tinto.

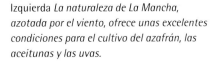

Izquierda La naturaleza de La Mancha, azotada por el viento, ofrece unas excelentes condiciones para el cultivo del azafrán, las aceitunas y las uvas.

Páginas 148 y 149 El cocinero español dispone de una amplia selección de pescado y de marisco recién salido del mar.

rape asado con romesco

Sirva este plato acompañado de arroz con verduras (ver página 244) o patatas fritas (ver página 247).

PARA 4–6 PERSONAS
900 g de rape en una pieza
2–3 lonchas de jamón serrano
aceite de oliva
sal y pimienta
1 porción de romesco (ver página 233), para servir

1 Quite la fina membrana que recubre al rape, lávelo y séquelo presionando un poco con papel de cocina. Envuelva el pescado con las lonchas de jamón y píntelas con el aceite de oliva. Salpiméntelo y dispóngalo en una bandeja para el horno.

2 Ase el rape en el horno precalentado a 200 °C unos 20 minutos, o hasta que la carne esté opaca y se pueda partir con facilidad: retire el jamón que cubre la carne que rodea la espina central y haga una incisión para ver si se desmenuza.

3 Parta el pescado en dos trozos cortándolo a través del jamón y retirando la espina central. Corte cada mitad en 2 o 3 trozos y colóquelos sobre un plato con un poco de *romesco*. Sirva el rape de inmediato.

España tiene una gran variedad de fauna marina que proporciona la materia prima a su saludable cocina.

espaguetis con gambas

Los platos de pasta con marisco no son exclusivos de la cocina italiana. La pasta y las pizzas son también populares en los pequeños y económicos restaurantes que hay por toda España. En la parte turística de La Manga, en Murcia, platos como éste aparecen en muchos menús.

PARA 4 PERSONAS

450 g de espaguetis

125 ml de aceite de oliva

6 dientes de ajo, en finas rodajas

450 g de gambas medianas, crudas, peladas
   y sin el hilo intestinal (ver página 64)

30 g de perejil, finamente picado,
   y 2 cucharadas más, para adornar

125 ml de vino blanco seco

4 cucharadas de zumo de limón recién exprimido

sal y pimienta

1 Lleve a ebullición una olla con agua y una pizca de sal. Añada los espaguetis y deje que hiervan unos 10 minutos (siga las indicaciones del envase), o hasta que los espaguetis estén *al dente*.

2 Mientras tanto, caliente el aceite a fuego medio en otra olla. Añada luego el ajo y sofríalo hasta que se dore. Incorpore las gambas y 30 g del perejil picado, y remuévalo. Agregue a continuación el vino y deje que cueza a fuego lento unos 2 minutos. Añada el zumo de limón y siga removiendo. Deje que hierva hasta que las gambas estén rosadas.

3 Escurra los espaguetis. Incorpórelos a la olla junto con las gambas y remuévalos. Sazone luego con sal y pimienta al gusto.

4 Ponga los espaguetis con las gambas en la bandeja para servir y adórnelos con un poco de perejil extra. Sírvalos de inmediato.

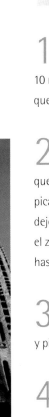

Las torres de Gaudí apuntalan el cielo de Barcelona.

mejillones con hinojo

PARA 4–6 PERSONAS

4 cucharadas de aceite de oliva

2 cebollas grandes, en rodajas finas

1 bulbo de hinojo, sin los tallos y en rodajas finas

2 dientes de ajo grandes, finamente picados

350 ml de vino blanco seco

100 ml de jerez fino

400 g de tomates de lata

una pizca de azúcar

sal y pimienta

2 kg de mejillones frescos

un puñado de perejil fresco, finamente picado

1 Caliente el aceite a fuego medio o fuerte en una olla de fondo grueso o en un cazo. Agregue la cebolla y el hinojo, y sofríalos alrededor de 3 minutos, sin dejar de remover. Añada el ajo y siga sofriendo 2 minutos más, o hasta que la cebolla y el hinojo estén tiernos pero no dorados.

2 Agregue el vino y el jerez, y deje que el líquido hierva hasta que se reduzca a la mitad. Incorpore el tomate con su jugo y llévelo a ebullición, removiendo. Agregue el azúcar y salpiméntelo al gusto. Reduzca el fuego y deje que siga cociendo, sin tapar la olla, unos 5 minutos más.

3 Para preparar los mejillones, corte y deseche las barbas y luego lave bien las conchas que estén sucias. Deseche los que tengan la concha rota o los que estén abiertos y no se cierren al darles un golpecito.

4 Reduzca el fuego de la olla al mínimo. Añada los mejillones, tape y deje que hiervan a fuego lento unos 4 minutos, moviendo de vez en cuando la olla. Elimine los mejillones que no se hayan abierto. Luego retire los restantes y divídalos en 4 cuencos para servir. Vuelva a tapar la olla y deje que hierva a fuego lento 1 minuto más.

5 Añada el perejil al caldo de la olla y remuévalo. Rectifique de sal o pimienta, si fuera necesario. A continuación, vierta el caldo sobre los mejillones y sírvalos de inmediato con pan para mojar en la salsa.

zarzuela de pescado

Esta receta tradicional recibe su nombre del género teatral nacido en España en el siglo XVII y que se caracteriza por su variedad, ya que tiene partes habladas y otras cantadas. El plato consiste en una gran variedad de marisco y pescado.

1 Ponga el azafrán en un cuenco refractario, añada 4 cucharadas de agua hirviendo y déjelo aparte para que repose.

2 Caliente el aceite a fuego medio. Reduzca después el fuego, añada la cebolla y rehóguela unos 10 minutos, o hasta que se dore, pero no deje que coja color. Agregue sin dejar de remover el ajo, el tomillo, las hojas de laurel y el pimiento rojo, y siga rehogando 5 minutos más, o hasta que el pimiento y la cebolla estén tiernos.

3 Incorpore los tomates y el pimentón, y siga sofriendo alrededor de unos 5 minutos más, sin dejar nunca de remover.

4 Agregue el caldo de pescado, el agua del azafrán reservada y las almendras molidas, y llévelo todo a ebullición, removiendo con frecuencia. Reduzca el fuego y deje que siga cociendo unos 5-10 minutos, o hasta que la salsa se haya reducido y espesado. Salpiméntelo.

5 Mientras tanto, prepare los mejillones y las almejas. Corte y deseche las barbas de los mejillones y limpie las conchas que estén sucias.

6 Añada la merluza y remueva con cuidado para que no se rompa. Incorpore las gambas, los mejillones y las almejas. Reduzca el fuego al mínimo, tape la cazuela y deje que hierva durante unos 5 minutos, o hasta que la merluza esté bien cocida, las gambas estén rosadas y los mejillones y las almejas se hayan abierto. Deseche los mejillones y las almejas que sigan cerrados. Sirva inmediatamente la zarzuela con mucho pan para mojar en la salsa.

PARA 4–6 PERSONAS

un pellizco grande de hebras de azafrán

6 cucharada de aceite de oliva

1 cebolla grande, picada

2 dientes de ajo, finamente picados

1¹/₂ cucharada de hojas de tomillo fresco

2 hojas de laurel

2 pimientos rojos, sin corazón, despepitado y troceados

800 g de tomates de lata troceados

1 cucharadita de pimentón dulce ahumado

250 ml de caldo de pescado

140 g de almendras blanqueadas, tostadas (ver página 50) y finamente molidas

sal y pimienta

12–16 mejillones vivos, con conchas enteras y cerradas

12–16 almejas vivas con conchas enteras y cerradas

600 g de filetes gruesos de merluza o bacalao*, sin la espina central, sin piel y cortados en trozos de 5 cm

12–16 gambas crudas, sin cabezas y sin colas y sin el hilo intestinal (ver página 64)

pan de miga y crujiente, para servir

consejos del cocinero

Tenga mucho cuidado de no cocer demasiado la merluza, porque si no se desmenuzará y perderá su consistencia.

El rape es una excelente alternativa para la merluza o el bacalao. De hecho, puede variar siempre el pescado o el marisco, pero elíjalo siempre de carne firme y que se pueda desmenuzar. Evite sin embargo la caballa y el salmón, ya que resultan excesivamente grasos, y el pez emperador y el atún, porque su consistencia es demasiado carnosa y seca.

pescadito frito

Andalucía es conocida como la "sartén de España" por la excelente calidad de los platos fritos que se elaboran en toda la región. Así, no es de extrañar que todos los restaurantes que se extienden por la costa del Mediterráneo ofrezcan platos rebosantes de crujiente marisco y pescado frito. El pescado es siempre del día, y pocas comidas pueden ser más gratas. El romesco (ver página 233) y el alliolli (ver página 232) resultan un buen acompañamiento para mojar el pescadito frito.

1 Para hacer el rebozado, tamice la harina y la sal en un cuenco y forme un agujero en el centro. Añada luego el agua y el aceite poco a poco, y remuévalo hasta que se forme un rebozado uniforme. Déjelo reposar alrededor de 30 minutos.

2 Vierta en una sartén de fondo grueso el aceite hasta una altura de 7,5 cm. Caliéntelo a fuego fuerte hasta que alcance los 190 °C, o hasta que un trozo de pan del día anterior se dore en 30 segundos. Ponga la harina sazonada en una bolsita de plástico y resérvala.

3 Introduzca las gambas en la bolsita y agítela hasta que estén cubiertas de harina. Luego, sáquelas y sacúdalas para eliminar el exceso de harina. Ponga unas 8 gambas en la sartén (no la llene demasiado) y fríalas durante unos 45 segundos. Déles la vuelta con una espumadera y siga friéndolas hasta que se doren y floten en la superficie. Sáquelas de la sartén, colóquelas encima de un papel de cocina absorbente y déjelas escurrir. Sazónelas al gusto y manténgalas calientes en el horno mientras fríe el resto.

4 Si trabaja en tandas, vuelva a calentar el aceite hasta que alcance la temperatura adecuada y siga friendo todo el marisco hasta que se acabe. A continuación, decórelo con el perejil y sírvalo caliente con las rodajas de limón.

PARA 4–6 PERSONAS

para el rebozado

125 g de harina para levadura

¹/₂ cucharadita de sal

150 ml de agua

2 cucharadas de aceite de oliva

aceite de oliva para freír

harina común, sazonada con sal, pimienta y pimentón suave, al gusto

24 gambas grandes, crudas, peladas y sin el hilo intestinal (ver página 64)

2 calamares grandes, limpios (ver página 122), y cortados en aros de 5 mm de grosor

reserve los tentáculos del calamar

sal

perejil, para decorar

rodajas de limón, para servir

160 dorada a la sal

Cuando sube la temperatura en Palma, la capital de Mallorca, los habitantes suelen acudir al pintoresco puerto de Andratx para disfrutar de una relajada comida de domingo. El pescado cubierto de sal se lleva a la mesa, sin mayores ceremonias, en bandejas de horno calientes; a continuación, se rompe el recubrimiento de sal para filetear y servir el jugoso pescado. La dorada, que pertenece a la familia de los espáridos, es muy común en todo el Mediterráneo, y su suave y delicada textura la convierte en unos de los pescados favoritos de los cocineros. No obstante, sólo suele encontrarse en los grandes mercados de pescado. (Esta especie recibe su nombre por las manchas "doradas" que tiene a ambos lados de la cabeza.) Si no puede conseguirla, pruebe también con la lubina o con el pargo.

PARA 4 PERSONAS

900 g de sal

140 g de harina pura

225 ml de agua

1 dorada, de aprox. 1 kg, vaciada a través de las agallas*

2 rodajas de limón

varios ramitas de perejil fresco

1 Precaliente al horno a 230 °C. Mezcle en un cuenco la sal y la harina, y forme un agujero en el centro. Vierta el agua y haga una masa espesa. Resérvela.

2 Introduzca en la cavidad de las agallas el limón y el perejil. Seque el pescado con papel de cocina. Cúbralo con la masa de sal con las manos. (No es necesario quitarle las escamas al pescado antes de rebozarlo con la masa, pero tenga cuidado de no cortarse.) Ponga el pescado en una bandeja de horno, asegurándose de que está completamente cubierto.

3 Ase el pescado en el horno durante 30 minutos. Después sáquelo y rompa la costra. Al levantarla, la costra debe llevarse consigo la piel. Filetee la carne y sírvala de inmediato.

*consejo del cocinero

Vaciar el pescado a través de las agallas permite cocinarlo en una pieza, lo que conserva el sabor y la consistencia. Si lo prefiere, pida al pescadero que se la prepare, pero con un poco de práctica podrá hacerlo en casa. Eche hacia atrás las aletas para que se vean las agallas y extráigalas luego con los dedos. Tenga cuidado porque son muy afiladas. Introduzca a continuación el dedo meñique en la cavidad y "enganche" las tripas. Sáquelas de un solo movimiento. Puede limpiar los restos que hayan podido quedar en el interior con una cucharilla. Luego enjuague el pescado por dentro y por fuera con agua fría y séquelo después con papel de cocina.

162 # brandada

Este plato es una herencia de los tiempos en que la dieta de todo el invierno se componía básicamente de bacalao salado. Lo mismo ocurría los viernes y durante la Cuaresma, por la prohibición de la Iglesia de comer carne durante esas fechas. Aunque esta forma de preparar el pescado (con aceite de oliva y puré de patata) tiene sus orígenes en el sur de Francia, la receta ha gozado de gran aceptación en Cataluña. Tenga en cuenta que el bacalao salado debe permanecer en remojo unas 48 horas.* Las diferentes piezas de bacalao que se ofrecen no suelen tener la misma consistencia, así que elija la más adecuada para que el bacalao se ablande y desale de manera uniforme.

PARA 4–6 PERSONAS

450 g de bacalao en salazón, partido en varios trozos

4 rodajas de limón

4 ramitas de perejil fresco

2 hojas de laurel

1 diente de ajo, en rodajas

1/2 cucharadita de semillas de hinojo

1/2 cucharadita de granos de pimienta negra, molidos

500 g de patatas de puré, peladas y troceadas

unas 4 cucharadas de aceite de oliva
   con sabor a ajo

125 ml de leche

zumo de limón, a su gusto

sal y pimienta

1 Ponga el bacalao salado en un cuenco grande, cúbralo con agua fría y déjelo reposar 48 horas, cambiando el agua un mínimo de 3 veces al día.

2 Ponga las rodajas de limón, el perejil, el laurel, el ajo, las semillas de hinojo y la pimienta en una olla con 1,2 litros de agua. Llévelo a ebullición a fuego fuerte. Reduzca el fuego y deje que hierva a fuego lento unos 45 minutos.

3 Ponga el bacalao en una sartén grande. Añada el líquido hasta cubrir todo el pescado, y llévelo a ebullición. Deje que hierva a fuego lento durante unos 45 minutos, o hasta que el pescado esté tierno y pueda partirse fácilmente. Saque luego el pescado del agua. Desmenúcelo en pequeños trozos, retirando la piel y las espinas, y resérvelo.

4 Mientras tanto, cueza las patatas hasta que estén tiernas en una olla con agua hirviendo y sal. Séquelas bien, póngalas en un cuenco, aplástelas y mézclelas poco a poco con el pescado troceado.

5 Ponga 4 cucharadas de aceite y la leche en una cazuela pequeña, y llévela a ebullición a fuego lento. Introduzca gradualmente la mezcla del bacalao hasta que alcance la consistencia deseada. Añada luego el zumo de limón y salpimente a su gusto.

*consejo del cocinero

No todo el bacalao salado es igual: algunas piezas necesitan estar más tiempo en remojo, y otras pueden perder en exceso su sabor salado. Por eso es difícil decir cuánto tiempo debe desalarse el pescado. Como mínimo debería estar 24 horas y, como máximo, 48. Si la carne pierde consistencia, cueza un trozo y pruébelo para ver si necesita permanecer en remojo durante más tiempo.

merluza a la vasca

Los cocineros españoles son muy aficionados a utilizar este carnoso pescado blanco, sobre todo porque su suave sabor hace que sea muy fácil de combinar con otros ingredientes. Su consistencia, parecida a la del bacalao, resulta adecuada para freír, asar, hornear y cocinar al vapor, siempre con resultados excelentes.

Es un plato muy sencillo, aunque también puede encontrar elaboraciones más complejas que incluyen almejas y gambas. Otros ingredientes adicionales son los espárragos, las judías verdes y los guisantes.

PARA 4 PERSONAS

unas 2 cucharadas de harina común

4 filetes de merluza, de unos 150 g cada uno

4 cucharadas de aceite de oliva virgen extra

125 ml de vino blanco seco

2 dientes de ajo grandes, finamente picados

6 cebolletas, cortadas en finas rodajas

30 g de perejil fresco, finamente picado

sal y pimienta

1 Precaliente el horno a 230 °C. En un plato, sazone la harina con sal y pimienta. Reboce el lado con piel de los filetes en la harina sazonada y sacúdalos para eliminar el exceso. Reserve.

2 Caliente una cazuela poco profunda hasta que note como sube el calor. Incorpore el aceite y caliéntelo unos 30 segundos, o hasta que un trozo de pan del día anterior empiece a crepitar. Añada después los filetes de merluza con el lado de la piel hacia abajo y fríalos unos 3 minutos, o hasta que la piel se dore.

3 Dé la vuelta al pescado y salpiméntelo. Añada el vino, el ajo, la cebolleta y el perejil. Ponga la cazuela sin cubrir en el horno precalentado, y ásela durante unos 5 minutos, o hasta que la carne se pueda partir con facilidad. Sirva el pescado directamente de la cazuela.

variación

Si no ha podido comprar merluza, utilice bacalao.

salmón a la plancha con salsa verde

Antes, los salmones salvajes crecían en los ríos del norte, pero hoy en día, tanto los cocineros españoles como los del resto de Europa pueden comprar salmones criados en piscifactorías. La salsa verde es ideal para enriquecer el sabor suave del pescado, aunque también combina con carne de ternera asada, cerdo o pollo.

El arroz al jerez (ver página 243), el arroz azafranado con verduras (ver página 244) o las patatas fritas (ver página 247) son buenos acompañamientos.

PARA 4 PERSONAS

para la salsa verde

70 g de perejil de hoja plana, en ramitas

8 hojas grandes de albahaca fresca

**2 ramitas de orégano fresco, o $1/2$ cucharadita
   del seco**

3–4 filetes de anchoa en aceite, secos y troceados

2 cucharaditas de alcaparras en salmuera, lavadas

1 chalote, troceado

1 diente de ajo grande

2–3 cucharaditas de zumo de limón, a su gusto

125 ml de aceite de oliva virgen extra

4 filetes de salmón sin piel, cada uno de aprox. 150 g

2 cucharadas de aceite de oliva

sal y pimienta

1 Para hacer la salsa, ponga el perejil, la albahaca, el orégano, las anchoas, las alcaparras, el chalote y el zumo de limón en una batidora y tritúrelos. Con el motor en marcha, vaya añadiendo el aceite a través del conducto de alimentación. Salpiméntelo si fuera necesario, pero recuerde que las anchoas y las alcaparras suelen ser muy saladas. Páselo todo a un cuenco, cúbralo y deje enfriar.*

2 Cuando esté listo para servir, unte los dos lados de los filetes de salmón con el aceite. Caliente una sartén hasta que note como sube el calor. Incorpore el salmón y fríalo unos 3 minutos. Dé la vuelta a los filetes y siga friéndolos 3 minutos más, o hasta que estén tiernos y la carne se pueda partir con facilidad.

3 Sirva el salmón caliente con un poco de la salsa ya fría por encima.

consejo del cocinero
Puede preparar la salsa verde con 2 días de antelación. Guárdela en el frigorífico hasta que vaya a servirla. El contraste de la salsa fría con el sabroso salmón caliente resulta una delicia.

bacalao a la catalana

La expresión "a la catalana" indica que el plato lleva piñones y pasas. En los restaurantes barceloneses este plato se suele servir con tomates asados. También combina bien con las patatas fritas (ver página 247).

PARA 4 PERSONAS

para las espinacas a la catalana

55 g de pasas

55 g de piñones

4 cucharadas de aceite de oliva virgen extra

3 dientes de ajo, machacados

500 g de hojas de espinacas tiernas, aclaradas y escurridas

4 filetes de bacalao, de unos 175 g cada uno

aceite de oliva

sal y pimienta

rodajas de limón, para servir

1 Ponga las pasas en un cuenco, cúbralas con agua caliente, déjelas en remojo 15 minutos y escúrralas.

2 Mientras tanto, ponga los piñones en una sartén y caliéntela a fuego medio. Saltee los piñones unos 2 minutos, removiéndolos a menudo, hasta que se tuesten y se doren. Preste atención porque se queman muy rápido.

3 A continuación, caliente el aceite a fuego medio en una sartén grande y poco profunda. Luego incorpore el ajo y sofríalo unos 2 minutos, o hasta que se dore, pero no deje que tome mucho color. Sáquelo con una espumadera y deséchelo.

4 Añada al aceite las espinacas con el agua que haya quedado en sus hojas después de lavarlas y haberlas escurrido un poco. Cubra la sartén y sofría las espinacas 5 minutos, o hasta que se hayan arrugado. Incorpore las pasas escurridas y los piñones, y siga sofriéndolo todo sin cubrir la sartén hasta que se haya evaporado el líquido. Sazónelo al gusto y manténgalo caliente.

5 Para preparar el bacalao, unte un poco los filetes con aceite y luego salpiméntelos. Póngalos bajo una parrilla a 10 cm de la fuente de calor, y áselos unos 10 minutos, o hasta que la carne sea opaca y se pueda desmenuzar con facilidad.

6 Divida las espinacas en 4 platos y ponga encima los filetes de bacalao. Sírvalos con las rodajas de limón.

La comida española puede ser tan colorida como las impresionantes obras de arte del país. En la imagen, la lámpara central del Palau de la Música Catalana.

170 lenguado para dos

En el norte de España, especialmente en los alrededores del puerto de La Coruña, el lenguado es apreciado por su carne tierna, sabrosa y delicada. Si no ha podido conseguir lenguado, utilice platija o solla.

PARA 2 PERSONAS

150 ml de aceite de oliva

375 g de patatas harinosas, peladas y cortadas
   en rodajas finas

1 bulbo de hinojo, sin los tallos y en rodajas finas

2 tomates grandes, asados y pelados, despepitados
   (ver página 63) y troceados

2 chalotes, en rodajas

sal y pimienta

1 o 2 lenguados enteros, de 1,3 kg, limpios

4 cucharadas de vino blanco seco

2 cucharadas de perejil fresco, finamente picado

rodajas de limón, para servir

1 Unte con 4 cucharadas de aceite la base de una fuente de horno poco profunda y lo suficientemente grande como para que quepa todo el pescado. Coloque las patatas en una sola capa y cúbralas después con el hinojo, el tomate y el chalote. Salpiméntelo y riéguelo todo con 4 cucharadas más de aceite. Ase la verdura unos 30 minutos en el horno a 200 °C.

2 Sazone el pescado con sal y pimienta, y dispóngalo sobre la verdura. Riéguelo con el vino y añada las 2 cucharadas restantes de aceite.

3 Vuelva a introducir la fuente en el horno y ase el pescado, sin cubrirlo, unos 20 minutos, o hasta que la carne se pueda partir fácilmente. Quítele la piel al pescado y trocéelo en filetes. Espolvoree la verdura con el perejil, coloque entre 2 y 4 filetes en cada plato con la verdura dispuesta a los lados y añada las rodajas de limón.

Las fuentes de agua de muchas plazas y parques públicos de España sirven para refrescar el ambiente en épocas de calor.

atún asado con naranja y anchoas

El atún es abundante en el estrecho de Gibraltar
y en la costa atlántica. Su sabrosa carne hace
que este pescado sea ideal para asar. Sírvalo con
un acompañamiento sencillo, como por ejemplo
verduras o patatas fritas (ver página 247).

PARA 4–6 PERSONAS
200 ml de zumo de naranja recién exprimido
3 cucharadas de aceite de oliva virgen extra
55 g de filetes de anchoa en aceite y troceados
    (reserve el aceite)
un pequeño pellizco de guindilla seca desmenuzada,
    o al gusto
pimienta
1 filete de atún, de unos 600 g

1 En un cuenco no metálico lo suficientemente grande
como para que quepa el pescado, mezcle el zumo de
naranja, unas 2 cucharadas del aceite, las anchoas con
su aceite, la guindilla y la pimienta, al gusto. Añada luego
el atún y rocíelo a continuación por encima con la salsa
marinada. Cúbralo y póngalo a enfriar un mínimo de
2 horas para que marine. Déle la vuelta al pescado de vez
en cuando. Sáquelo del frigorífico 20 minutos antes de
que empiece a cocinar, para que el pescado alcance la
temperatura ambiente.

2 Saque el atún de la salsa marinada y séquelo con
un paño. Caliente la cucharada de aceite que ha
quedado en una sartén grande a fuego vivo. Añada el
atún y fríalo brevemente, 1 minuto por lado, hasta que
se dore y esté crujiente. Coloque el atún en una fuente
pequeña para asar y cúbrala bien con papel de aluminio.

3 Ase el pescado en un horno precalentado a 220 °C
8 minutos, si lo quiere poco hecho, o 10 minutos si
lo prefiere bien hecho. Sáquelo luego del horno y déjelo
reposar unos minutos antes de servirlo.*

4 Mientras tanto, ponga la marinada en un pequeño
cazo y llévela a ebullición a fuego fuerte. Déjelo
hervir un mínimo de 2 minutos.

5 Ponga el atún en la bandeja donde vaya a servirlo
y filetéelo en lonchas gruesas. Sirva la salsa por
separado para vertirla después por encima. El atún puede
servirse caliente o a temperatura ambiente, pero la salsa
es mejor que esté caliente.

consejo del cocinero

Igual que la carne de vacuno, el atún asado se sigue
haciendo cuando se saca del horno y se deja reposar.
Una forma sencilla para saber cuándo está listo es
insertar en él un termómetro para carne; introdúzcalo
a través del papel de aluminio de la fuente justo antes
de meter el pescado en el horno. Cuando la temperatura
sea de 60 °C, el atún estará en su punto.

174 # gambas al pimentón

Este sencillo plato es un ejemplo del tipo de recetas que se elaboran en los puertos, donde los menús del día están determinados por la captura diaria. Sirva las gambas en una bandeja grande para que cada comensal vaya tomándolas y pelándolas con las manos. Acompañe este plato con un vaso de vino blanco frío y mucho pan crujiente.

Como comida de verano, sirva las gambas con una ensalada de naranjas e hinojos (ver página 109) o con arroz al jerez (ver página 243).

PARA 4–6 PERSONAS

16–24 gambas grandes y crudas

6 cucharadas de aceite de oliva virgen extra

1 diente de ajo grande, machacado

$^1/_2$ cucharadita de pimentón suave, o a su gusto

sal

rodajas de limón, para servir

1 Pele los cuerpos de las gambas, pero deje las cabezas y las colas intactas. Elimine el hilo intestinal (ver página 64).

2 Mezcle el aceite y el ajo, junto con el pimentón y la sal en una fuente poco profunda y suficientemente grande como para que se puedan poner las gambas en una sola capa. A continuación, remueva bien todos los ingredientes y añada el marisco. Impregne bien las gambas con la salsa. Cubra la fuente y deje marinar el marisco en el frigorífico durante 1 hora como mínimo.

3 Cuando vaya a empezar a cocinar, caliente primero una plancha grande de hierro colado y de superficie nervada hasta que note como sube el calor. Incorpore tantas gambas como le sea posible, pero sin llenar en exceso la plancha. Áselas 1 minuto, o hasta que se hayan curvado y su color sea rosáceo. Déles la vuelta y siga asándolas 1 minuto más, o hasta que estén hechas. Escúrralas bien en un papel de cocina y manténgalas calientes mientras fríe el resto.

4 Sirva las gambas de inmediato con las rodajas de limón para exprimirlo por encima.

variación

Las gambas marinadas son también deliciosas si se fríen en abundante aceite. Quíteles las cabezas y el hilo intestinal y póngalas a marinar como se indica en el paso 2. Prepare el rebozado del rape escabechado frito (ver página 55). Caliente el aceite de oliva en una olla de fondo grueso durante unos 40 segundos, o hasta que un trozo de pan del día anterior chisporrotee. Añada las gambas al rebozado y fríalas unos 2 minutos, o hasta que se curven y se doren. Proceda en tandas si fuera necesario para evitar que la olla se llene demasiado. Espolvoree las gambas con sal marina gruesa y sírvalas con las rodajas de limón para exprimir su jugo por encima del marisco.

huevos a la flamenca

Los huevos al horno, revueltos o fritos, son muy populares en España y se pueden servir como complemento de una comida o como plato único. La expresión "a la flamenca" evoca la vistosidad de esta receta. Si omite el chorizo, puede incorporar este plato en una dieta vegetariana.

1 Caliente el aceite a fuego medio o fuerte en una sartén de fondo grueso. Añada luego el pimiento y la cebolla, y sofríalos unos 2 minutos. Agregue después el ajo, el chorizo y el pimentón, y siga sofriendo todo 3 minutos más, o hasta que el pimiento y la cebolla estén tiernos pero no dorados.

2 A continuación, añada el tomate con su jugo y el azúcar. Salpiméntelo al gusto y remuévalo. Llévelo a ebullición y déjelo hervir a fuego lento destapado unos 10 minutos.

3 Incorpore luego las patatas, las judías y los guisantes, y deje que hiervan unos 7 minutos, o hasta que las patatas estén hechas y las judías y los guisantes cocidos.

4 Reparta la mezcla de la verdura en 4 cazuelas de barro o en los platos refractarios individuales en los que vaya a servir, y rectifique el condimento si fuera necesario. Rompa un huevo en cada una de las cazuelitas. Introdúzcalas en un horno a 180 °C y ase los huevos unos 10 minutos, o hasta que la consistencia de las yemas sea la deseada. Sirva este plato de inmediato.

*consejo del cocinero
Esta receta es ideal para utilizar verduras en conserva, ya que resulta práctica y muy sencilla de preparar. Corazones de alcachofas, puntas de espárragos, zanahorias en dados o nabos y guisantes, todos ellos son productos en conserva que ofrecen un exquisito sabor. Escurra bien la verdura, añádala al final del paso 2 y sáltela en el paso siguiente.

PARA 4 PERSONAS

4 cucharadas de aceite de oliva virgen extra

2 pimientos verdes, sin corazón, despepitados y troceados

1 cebolla grande, picada

2 dientes de ajo, machacados

12 rodajas de chorizo, cada una de 5 mm de grosor, sin la piel, si se prefiere

$^1/_4$ cucharadita de pimentón suave o ahumado

800 g de tomates de lata troceados

una pizca de azúcar

sal y pimienta

225 g de patatas nuevas, cocidas y troceadas en dados de 1 cm*

100 g de judías verdes u otra variedad, troceadas

100 g de guisantes pelados, congelados o frescos

4 huevos grandes

178

ensalada de pimientos

Esta ensalada de verano, popular en toda España, está especialmente indicada para comer durante los calurosos días de verano. Si quiere hacerla un poco más sustanciosa, añada bacalao salado, previamente dejado en remojo (ver página 162).

PARA 4–6 PERSONAS

**6 pimientos grandes rojos, naranjas o amarillos, cortados
   por la mitad a lo largo, asados y pelados (ver página 74)**

4 huevos duros, pelados

12 filetes de anchoa en aceite, escurridos

12 aceitunas negras grandes

**aceite de oliva virgen extra o aceite de oliva
   con sabor a ajo**

vinagre de jerez

sal y pimienta

pan crujiente, para servir

1 Elimine los corazones o las pepitas de los pimientos asados y córtelos en tiras. Colóquelos en un plato para servir.

2 Corte el huevo en trozos con forma de cuña y luego póngalo, junto con las anchoas y las aceitunas, por encima de las tiras de pimiento.

3 Riéguelo todo con aceite y salpique con el vinagre de jerez, a su gusto. Espolvoréelo con un poco de sal y de pimienta, y sírvalo con pan.

El popular teleférico de Barcelona ofrece una privilegiada vista aérea de la ciudad.

ensalada de atún y judías

PARA 4–6 PERSONAS

para el aliño

un manojo de hojas de menta fresca, cortadas en juliana

un manojo de hojas de perejil fresco, picado

1 diente de ajo, machacado

4 cucharadas de aceite de oliva virgen extra

1 cucharada de vinagre de vino tinto

sal y pimienta

200 g de judías verdes u otra variedad

400 g de judías blancas pequeñas en lata, enjuagadas
   y escurridas

4 cebolletas, finamente picadas

2 filetes de atún fresco, de unos 225 g y 2 cm de grosor
   cada uno

aceite de oliva, para untar

250 g de tomates cereza, en mitades

hojas de lechuga

pan rústico crujiente, para servir

hojas de menta y perejil, para decorar

1 Para hacer el aliño, ponga todos los ingredientes, con sal y pimienta al gusto, en un tarro con tapa de rosca y agítelo hasta que se mezcle todo bien. A continuación, páselo a un cuenco y resérvelo.

2 En un cazo, lleve a ebullición el agua con un poco de sal. Incorpore las judías y cuézalas durante unos 3 minutos. Añada después las judías blancas y siga cociéndolas unos 4 minutos más, o hasta que las judías verdes estén tiernas pero crujientes y las blancas estén hechas. A continuación, escúrralas bien y añádalas, junto con la cebolleta, al cuenco del aliño. Remuévalo bien.

3 Para preparar el atún, caliente a fuego fuerte una plancha nervada. Unte los filetes por un lado con un poco de aceite. Colóquelos en la parrilla con el lado untado hacia abajo y áselos durante unos 2 minutos, si los quiere poco hechos. Si por el contrario desea que estén bien asados, déjelos en la parrilla durante unos 4 minutos.

4 Saque los filetes de la plancha y déjelos reposar unos 2 minutos, o hasta que estén completamente fríos. Cuando vaya a servir, incorpore el tomate a las judías y remuévalo ligeramente. Cubra el fondo de la bandeja en la que vaya a servir con hojas de lechuga y disponga encima la ensalada de judías. Trocee el atún y póngalo por encima. Sirva este plato caliente o a temperatura ambiente con mucho pan y decorado con las hierbas.

182

moros y cristianos

Pocos platos están tan directamente ligados a acontecimientos históricos como éste: las judías negras, que representan a los árabes, están rodeadas por el arroz blanco, símbolo de los cristianos que finalmente los vencieron y los expulsaron de la península Ibérica.

Si visita los pueblos del Levante a finales de abril, además de disfrutar de este plato podrá ver la Fiesta de Moros y Cristianos, que escenifica episodios de la batalla y conmemora su victoria.

PARA 4–6 PERSONAS

para el arroz

2 cucharadas de aceite de oliva

400 g de arroz de paella de grano corto, lavado hasta
  que el agua salga clara

1 litro de caldo de verdura casero, caliente

sal y pimienta

para las judías

2 cucharadas de aceite de oliva

55 g de jamón serrano cortado en dados
  o en bastones

2 pimientos verdes grandes, sin corazón, despepitados
  y finamente troceados

1 cebolla grande, finamente picada

2 dientes de ajo grandes, majados

1 guindilla roja, despepitada y finamente picada,
  o al gusto

800 g de judías negras de lata, lavadas
  y escurridas

250 ml de caldo de verdura casero

2 cucharadas de vinagre de jerez

4 cucharadas de perejil fresco picado

1 Para hacer el arroz, caliente el aceite en una cazuela. Añada el arroz y remuévalo hasta que esté empapado con el aceite. Vierta el caldo, salpiméntelo y llévelo a ebullición. Reduzca el fuego y deje que hierva a fuego lento unos 20 minutos, o hasta que el caldo haya sido absorbido y se formen pequeños agujeros en la superficie. Si queda todavía caldoso, cubra la cazuela, retírela del fuego y deje reposar el arroz unos 10 minutos.

2 Para hacer las judías, caliente el aceite en una sartén, añada el jamón y sofríalo 2 minutos. Incorpore luego el pimiento y la cebolla, y sofríalos 3 minutos. Añada el ajo y la guindilla, y sofríalos unos 2 minutos más, o hasta que la cebolla esté tierna pero no dorada.

3 Agregue las judías y siga sofriendo 1 minuto más. Añada el caldo y llévelo a ebullición. Reduzca el fuego y deje que hierva a fuego lento y sin cubrir unos 10 minutos, o hasta que el caldo se haya evaporado y el pimiento esté muy blando. Sazónelo, pero tenga en cuenta que el jamón es salado. Resérvelo.

4 Engrase bien el interior de un molde de corona de 1,35 litros. Introduzca el arroz en el molde alisando la superficie.* Vuelva a calentarlo en el horno a 150 °C unos 10 minutos. Recaliente las judías si fuera necesario, y agregue el vinagre de jerez y el perejil.

5 Coloque la bandeja para servir, boca abajo, sobre el molde. Dé la vuelta al molde con un movimiento firme. Levántelo con cuidado. Con una cuchara, ponga la mezcla de las judías en el centro y sírvalo.

consejo del cocinero
Tanto el arroz como las judías pueden prepararse por separado con un día de antelación. Deje que se enfríen en la nevera durante toda la noche. Saque el arroz del frigorífico unos 15 minutos antes de recalentarlo, como se indica en el paso 4.

POSTRES

La característica más sobresaliente de los postres españoles es, tal vez, su enorme variedad. Para acabar la comida existen diferentes posibilidades: fruta fresca, yogur, flan, helado, pastel e incluso queso.

Con la ocupación árabe de la Península en el año 711 d.C., no sólo llegaron las exóticas especias, que todavía se emplean para dar sabor a los postres españoles, sino que también se introdujeron una gran cantidad de frutos que continúan utilizándose hoy día, como albaricoques, cerezas, cítricos, higos, ciruelas, melocotones, membrillos, granadillas y dátiles. El uso de las almendras en los postres y en la confitería es también una herencia de la cocina árabe. Las frutas escalfadas a la sevillana (ver página 215) y la *mousse* de miel adornada (ver página 207), junto con los dátiles rellenos de melindres (ver página 225), reflejan a su vez el esplendor de dicha cocina.

El flan (ver página 192), un postre recubierto de caramelo y con sabor a naranja, es universalmente conocido y se sirve tanto en casa como en los restaurantes. La forma tradicional de hacerlo es con una sabrosa combinación de huevos y leche, pero en Valencia, principal centro del cultivo de naranjas del territorio español, la leche es sustituida por el zumo de naranja.

Otro dulce popular es la crema catalana, una versión del postre francés *crème brûlée*, una cremosa natilla con ligero sabor a limón y cubierta por una fina capa de crujiente caramelo (ver página 195). Debe haber muy poca gente a la que no le guste la combinación del cremoso sabor de la natilla con el caramelo ligeramente quemado. La crema catalana es otro punto de discusión entre españoles y franceses, aunque los historiadores españoles afirman que en Cataluña ya se disfrutaba de este postre antes de que la *crème brûlée* apareciera en los libros de cocina.

De la oferta de postres típicamente españoles destacan también los pasteles fritos (ver página 221) y la leche frita (ver página 222).

El helado casero es enormemente popular. Usted puede conservar, por ejemplo, el sabor fresco de las naranjas de primavera con el helado de naranjas (ver página 204), que será un postre ideal para ofrecer a sus invitados. La crema de almendras con salsa de chocolate (ver página 201) es muy fácil de hacer y resulta ideal para aquellos que no pueden comer yema cruda, ya que no contiene huevo. La salsa caliente de chocolate de esta receta constituye un buen acompañamiento para dar un toque casero a los helados.

El arroz con leche (ver página 196) es el postre favorito en Cantabria. Es un plato dulce muy versátil ya que se puede comer a lo largo de todo el año: en

Conserve el sabor dulce y fresco de las naranjas de primavera con el helado de naranjas, un postre ideal para ofrecer a sus invitados

invierno sírvalo caliente y con abudante crema por encima, y en verano, tómelo frío con una ensalada de frutas frescas.

Alargar la sobremesa con un café, un cortado o un café con hielo, o con alguna copa de licor es algo muy característico en España. Por este motivo, el postre de músico (ver página 224) y los dátiles rellenos de melindres (ver página 225) son siempre bien recibidos después de la comida. El postre de músico consiste en una combinación de frutos secos (almendras, pasas, avellanas) que puede presentarse como cobertura de pastel, caramelo crujiente o en su forma natural, y es ideal para ofrecer a sus invitados acompañado de una vasito de vino dulce.

Páginas 190 y 191 *Los secos y áridos campos españoles proporcionan vino y aceite muy valorados en el mundo entero.*

192

flan

Con toda seguridad, éste es el postre español más popular dentro y fuera del país. Lo encontrará en casi todos los menús de los restaurantes, aunque existen numerosas variantes. En el Levante, por ejemplo, la base de crema se sustituye a menudo por el zumo de naranja. Un elemento en común, sin embargo, es el uso de una gran cantidad de yemas de huevo, que le proporcionan su cremosidad.

PARA 6 PERSONAS

500 ml de leche entera

1/2 naranja (rallar 2 tiras largas de la corteza)

1 vaina de vanilla, partida, o 1/2 cucharadita de extracto de vainilla

175 g de azúcar extrafino

mantequilla, para engrasar el molde

3 huevos grandes, más 2 yemas grandes

1 Vierta la leche en un cazo y añada las tiras de la corteza de la naranja y la vainilla. Ponga la leche a cocer, retírela del fuego y añada removiendo 100 g del azúcar. Déjelo reposar un mínimo de 30 minutos.

2 Mientras tanto, ponga los 75 g del azúcar restante con 4 cucharadas de agua en otro cazo a fuego medio. Remuévalo hasta que el azúcar se disuelva y déjelo cocer hasta que adquiera un tono dorado oscuro.

3 Retire inmediatamente el cazo del fuego y luego exprima la naranja para que las gotas del zumo corten la cocción. Viértalo en un molde engrasado de *soufflé* de 1,2 litros y repártalo para cubrir el fondo. A continuación, déjelo reposar.

4 Cuando la leche haya reposado, coloque de nuevo el cazo sobre el fuego y llévela a ebullición. Bata los huevos enteros y las yemas extras. Vierta luego la leche en el cuenco de los huevos, remuévalo todo y vuélquelo en el molde.

5 Coloque el molde en una fuente y llénela con agua hirviendo hasta que llegue a la mitad. Déjelo en el horno a 160 °C durante 75-90 minutos, o hasta que cuaje y al pinchar con un cuchillo en el centro, éste salga limpio.

6 A continuación, retire el molde de la fuente y resérvelo hasta que esté completamente frío. Cúbralo y póngalo a enfriar durante toda la noche.

7 Para servir, recorra por dentro los lados del molde con una cuchara metálica, colóquelo boca abajo sobre una bandeja que tenga bordes y saque el flan con un movimiento firme.

San Sebastián, ciudad donde confluyen una intensa actividad cultural y el amor por la gastronomía.

crema catalana

*Este cremoso y sustancioso postre, con su azúcar
"quemado" por encima, es originario de Cataluña.
Por su aspecto se podría pensar que es igual a la
crème brûlée francesa, pero se distingue de ella
por su crujiente capa caramelizada y por el hecho
de que no se hornea, por lo que permanece líquida.
Prepare la crema unas horas antes y deje que se
espese en el frigorífico.*

PARA 6 PERSONAS

750 ml de leche entera

1 vaina de vanilla, partida

la corteza de ¹/₂ limón

7 yemas grandes de huevo

200 g de azúcar extrafino

3 cucharadas de harina de maíz

1 Prepare la crema con un día de antelación. Vierta
la leche en un cazo con la vainilla y la ralladura del
limón. Llévela a ebullición. Cuando cueza, retire el cazo
del fuego y deje que repose un mínimo de 30 minutos.

2 Ponga los huevos y 100 g del azúcar en un cuenco y
bata hasta que el azúcar se haya disuelto y la mezcla
sea espesa y cremosa.

3 Vuelva a poner la leche sobre el fuego y deje que
hierva a fuego lento. Vierta 4 cucharadas de leche en
un cuenco, junto con la harina de maíz, y remueva hasta
que se forme una masa homogénea. Incorpore la masa en
la leche hirviendo y remuévalo 1 minuto a fuego lento.

4 Pase la leche al cuenco con los huevos y remuévalo
hasta que esté todo bien mezclado. Enjuague el cazo
y llénelo con un poco de agua. Coloque el cazo sobre un
fuego o medio fuerte y lleve el agua a ebullición. Reduzca
el fuego y ponga el cuenco en el cazo. Remueva la crema
durante unos 25-30 minutos, o hasta que sea tan espesa
que se adhiera a la parte posterior de la cuchara.

*Las columnas y estatuas de estilo clásico
dan solemnidad a la ciudad de Madrid.*

5 Divida la mezcla en cazuelitas de barro de 6 x 10 cm,
o en los moldes blancos franceses que se usan para
servir la *crème brûlée*. Deje que se enfríe, cubra las
cazuelitas y póngalas luego en el frigorífico un mínimo
de 12 horas.

6 Para servir, espolvoree por encima de cada cazuela
una fina capa del azúcar extrafino. En Cataluña, la
superficie se carameliza con una instrumento especial
de hierro que se ha calentado previamente en una llama
de gas y que después se pone sobre el azúcar. Si no tiene
este instrumento, utilice un soplete de cocina. Antes de
servir, déjela reposar mientras se endurece el caramelo.
Su consistencia seguirá siendo firme durante 1 hora a
temperatura ambiente, pero no lo introduzca en el
frigorífico porque el caramelo se "derretiría".

196 arroz con leche

En Cantabria se cultivan algunos de los productos de consumo diario más sustanciosos de España, por lo que no es de extrañar que las versiones de este popular y reconfortante postre se hagan aquí con abundante leche entera, como es el caso de este pudín cremoso que sabe igual de bien tanto frío como caliente. Asimismo el arroz con leche puede servirse espolvoreado con azúcar moreno, con fruta escalfada a la sevillana (ver página 215) o con almendras caramelizadas (ver página 96).

PARA 4–6 PERSONAS

1 naranja grande

1 limón

1 litro de leche

250 g de arroz de grano corto

100 g de azúcar extrafino

1 vaina de vanilla, partida

una pizca de sal

125 ml de nata para montar

azúcar ligeramente moreno, para servir (opcional)

1 Ralle finamente la cáscara del limón y de la naranja, y resérvelas. Aclare un cazo de fondo grueso con agua y no lo seque.

2 Ponga la leche y el arroz en el cazo, y llévelo luego a ebullición a fuego medio. Reduzca después el fuego y añada el azúcar extrafino y la vainilla, con las ralladuras de la naranja y del limón y la sal. Revuélvalo bien. Deje que siga cociendo a fuego lento, removiendo con frecuencia, hasta que el pudín sea espeso y cremoso, y los granos de arroz estén tiernos. Puede tardar unos 30 minutos, dependiendo del diámetro del cazo.

3 Saque la vaina de vainilla y remueva la crema. Sirva el arroz de inmediato, espolvoreado con un poco de azúcar moreno, si lo desea, o bien completamente frío. Cúbralo y métalo en el frigorífico hasta que lo necesite. (El pudín se espesa cuando se enfría, por eso añada un poco de leche si fuera necesario.)

Las catedrales góticas son un ejemplo de la riqueza histórica de España.

pastel de chocolate

Los deliciosos pasteles de chocolate están hechos para degustarse a cualquier hora del día. No es raro ver este tipo de pasteles en la barra de los bares, ya que son ideales para tomar con un café o un té.

PARA 10–12 PORCIONES

100 g de pasas

la corteza de una naranja finamente rallada y su zumo

175 g de mantequilla, en trozos pequeños, más otro poco
    para engrasar el molde

100 g de chocolate, por lo menos 70 % de cacao,
    troceado

4 huevos grandes, batidos

100 g de azúcar extrafino

1 cucharadita de esencia de vainilla

55 g de harina común

55 g de almendras molidas

$^1/_2$ cucharadita de levadura extrafina

una pizca de sal

55 g de almendras blanqueadas, ligeramente tostadas
    y picadas

azúcar glasé, tamizado, para decorar

1 Ponga las pasas en un cuenco pequeño, añada el zumo de naranja y déjelas a remojo alrededor de unos 20 minutos. Revista un molde redondo para pastel, de 25 cm aproximadamente de profundidad y con base desmontable, con papel de cera. Engrase el papel y a continuación resérvelo.

2 Derrita la mantequilla y el chocolate juntos en un pequeño cazo a fuego medio, removiendo. Retire luego el cazo del fuego y deje que se enfríe.

3 Con una batidora eléctrica, bata los huevos, el azúcar y la vainilla unos 3 minutos, o hasta que tengan una consistencia ligera y esponjosa. Añada la mezcla al chocolate.

4 Escurra las pasas si no han absorbido todo el zumo de naranja. Tamice sobre la mezcla la harina, las almendras molidas, la levadura y la sal. Añada después las pasas, la ralladura de la naranja y las almendras, y mézclelo todo bien.

5 Con una cuchara, pase la masa al molde y alise la superficie. Hornéela en un horno precalentado a 180 °C durante unos 40 minutos, o hasta que al pinchar con un palillo en el centro, éste salga limpio y el pastel empiece a separarse de los lados del molde. Deje que se enfríe en el molde unos 10 minutos, después sáquelo y póngalo sobre una rejilla metálica para que se enfríe completamente. Espolvoree la superficie del pastel con el azúcar glasé antes de servirlo.

crema de almendras con salsa de chocolate

PARA 4–6 PERSONAS

175 g de almendras blanqueadas (ver página 50)

300 ml de nata para montar

¹/₄ de cucharadita de esencia de almendra

150 ml de nata líquida

55 g de azúcar glasé

para la salsa de chocolate

100 g de chocolate sin leche, troceado

3 cucharadas de melaza

4 cucharadas de agua

25 g de mantequilla sin sal, en trozos pequeños

¹/₄ de cucharadita de esencia de vainilla

1 Ponga las almendras blanqueadas en una bandeja y tuéstelas en el horno a 200 °C durante 8-10 minutos, o hasta que estén doradas y emanen un olor a tostado: preste atención los últimos minutos, porque se queman con mucha rapidez. Póngalas luego sobre una tabla de picar y déjelas enfriar. Pique 50 g de ellas con la mano, y muela el resto. Resérvelas.

2 Bata la nata con la esencia de almendra a punto de nieve. Vierta la nata líquida y siga batiendo. Tamice el azúcar glasé sobre la masa en tres tandas. Pásela a una máquina heladora y luego congélela.* Cuando esté casi helada, póngala en cuenco, añada las almendras trituradas y remueva para que se distribuyan bien.

3 Ponga la mezcla en un molde para pan de 450 g y alise la superficie. Envuélvalo con papel de aluminio y póngalo en el congelador un mínimo de 3 horas.

4 Para hacer la salsa de chocolate caliente, ponga un cuenco refractario en un cazo con agua hirviendo. Añada el chocolate, la melaza y el agua, y remuévalo hasta que el chocolate se derrita. Incorpore la mantequilla y la vainilla, y remuévalo hasta que la salsa sea uniforme.

5 Para servir, desenvuelva el molde e introduzca el fondo durante unos segundos en un fregadero con agua hirviendo. Inviértalo después sobre una bandeja resistente al frío con un movimiento firme para que la crema helada se desprenda. Con una espátula, cubra la superficie superior y luego los lados con las almendras trituradas. Vuelva a introducir el helado de nuevo en el congelador, a no ser que quiera servirlo en el momento.

6 Con un cuchillo caliente haga entre 8 y 12 porciones. Coloque luego 2 de ellas en cada plato y vierta a su alrededor el chocolate caliente con una cuchara.

*consejo del cocinero

Si no dispone de una máquina heladora, ponga la mezcla en un envase resistente al frío y congélela unas 2 horas, o hasta que empiece a espesarse y a cuajar por los bordes. Bátala bien y vuelva a ponerla en el congelador hasta que esté casi congelada. Añada las almendras y continúe con el paso 3.

Puede preparar la salsa y el postre con antelación. Saque el helado del congelador unos minutos antes de servirlo y recaliente bien la salsa.

202 # pudines de chocolate

1 Derrita el chocolate con el zumo de naranja y el agua en un cazo pequeño y a fuego lento sin dejar de remover. Retire luego el cazo del fuego e incorpore la mantequilla hasta que se haya derretido y mezclado bien. Con la ayuda de una espátula de goma, vierta la mezcla del chocolate en un cuenco.

2 Bata bien las yemas y páselas después a la mezcla de chocolate. Bátalo de nuevo y resérvelo

3 En un cuenco limpio, monte a punto de nieve las claras de los huevos con la crema tártara. Incorpore gradualmente el azúcar a cucharadas, batiendo siempre después de cada una, hasta que el merengue esté brillante. Bata una cucharada del merengue en la mezcla del chocolate y añada después el resto.

4 En otro cuenco, bata la crema hasta que esté a punto de nieve procurando que no quede muy espesa. Añada la crema a la salsa de chocolate y revuélvalo con suavidad. Reparta la mezcla con una cuchara en copas de cristal individuales, en vasos de vino o en un cuenco grande para servir. Cubra los recipientes con plástico de cocina y póngalos a enfriar en el frigorífico un mínimo de 4 horas.

5 Mientras tanto, haga el praliné. Engrase una bandeja del horno con aceite de girasol y resérvela. Ponga el azúcar y los pistachos en un cazo pequeño, y caliéntelos a fuego medio. Cuando el azúcar empiece a derretirse, remuévalo ligeramente hasta que se forme caramelo líquido y los pistachos empiecen a saltar.

PARA 4–6 PERSONAS

175 g de chocolate sin leche, como mínimo
70 % de cacao, troceado

1¹/₂ cucharadas de zumo de naranja

3 cucharadas de agua

25 g de mantequilla sin sal, en trozos pequeños

2 huevos, claras y yemas separadas

¹/₈ de cucharadita de crema tártara

3 cucharadas de azúcar extrafino

6 cucharadas de nata para montar

para el praliné de pistacho y naranja

aceite de girasol, para engrasar

55 g de azúcar extrafino

55 g de pistachos pelados

la corteza finamente rallada de 1 naranja grande

6 Vierta el praliné en la bandeja del horno y ralle luego finamente la corteza de la naranja por encima. Déjelo enfriar hasta que se endurezca y después trocéelo. Cúbralo y guárdelo a temperatura ambiente.

7 Justo antes de servir, espolvoree el praliné por encima de cada pudín de chocolate.

variaciones

Ponga las pasas a remojar en brandy o en jerez, mejor que en zumo de naranja. El praliné también puede hacerlo con almendras blanqueadas o con avellanas.

helado de naranjas

Las galletas de almendras (ver página 216) combinan muy bien con este cremoso y sustancioso helado.

PARA 4–6 PERSONAS

3 naranjas grandes, lavadas

85 ml de leche semidesnatada

85 ml de nata líquida

125 g de azúcar extrafino

4 yemas grandes

450 ml de nata para montar

1/8 de cucharadita de esencia de vainilla

1 Pele cuidadosamente 2 de las naranjas y reserve algunas tiras de la corteza para decorar. Ralle luego finamente la corteza de la tercera. Exprima las naranjas: obtendrá unos 125 ml de zumo. Resérvelo.

2 Vierta la leche y la nata líquida en una cazuela con la ralladura de la naranja. Lleve la mezcla a ebullición y retire después la cazuela del fuego. Déjela reposar unos 30 minutos.

3 Escoja un cuenco que quepa en la cazuela pero que no toque el fondo. Ponga el azúcar y las yemas en el cuenco, y bátalas hasta que se forme una crema espesa.

4 Ponga la mezcla de la leche al fuego y luego llévela a ebullición a fuego lento. Vierta la leche en las yemas y mézclelo bien. Ponga un poco de agua en la cazuela y llévela a ebullición a fuego medio. Reduzca el fuego. Ponga el cuenco en la cazuela y remueva su contenido 20 minutos, hasta que se forme una natilla que se adhiera a la cuchara. El agua no debe tocar el fondo del cuenco porque el huevo podría solidificarse.

5 Vierta la mezcla en un cuenco limpio. Incorpore la ralladura de naranja, sin dejar de remover, y resérvelo.

6 Incorpore después el zumo de naranja, la nata para montar y la esencia de vainilla, y remuévalo. Pase la mezcla a una máquina heladora y congélela de acuerdo con las instrucciones del fabricante. (Si no dispone de una máquina, guarde la mezcla en un envase resistente al frío y congélela durante 2 horas, o hasta que empiece a espesarse y se cuaje por los bordes. Póngala entonces en un cuenco y bátala bien. Devuélvala a continuación al congelador y repita el procedimiento dos veces.) Sáquela del congelador y deje que se ablande unos 15 minutos antes de servirla. Decórela con las tiras de la corteza de naranja que había reservado.

Las Ramblas de Barcelona son un largo paseo jalonado de árboles que llega hasta al mar.

206 # sorbete de limón con cava

Una vez que está congelado, este sorbete se prepara con suma facilidad. Además, mantiene su sabor fresco en el frigorífico durante un mes.

PARA 4–6 PERSONAS
3–4 limones
250 ml de agua
200 g de azúcar extrafino
1 botella de cava, frío, para servir

1 Ruede los limones sobre la superficie de trabajo presionándolos con fuerza: así logrará exprimir mucho más zumo. Corte 3 tiras de la corteza de uno de ellos y resérvelas para decorar. Ralle finamente los otros 3. Exprima todos los limones para conseguir unos 175 ml de zumo.

2 Ponga el agua y al azúcar en un cazo, y caliéntelo a fuego medio. Remuévalo para derretir el azúcar. Llévelo a ebullición sin remover más y deje que hierva unos 2 minutos. Retire el cazo del fuego, incorpore la ralladura y siga revolviendo. Cubra el cazo y déjelo reposar unos 30 minutos, o hasta que se enfríe.

3 Cuando la mezcla esté fría, incorpore el zumo de limón y remuévalo. Pásela después a una máquina heladora y congélela de acuerdo con las instrucciones del fabricante. (Si no dispone de una máquina, guarde la mezcla en un envase resistente al frío y congélela durante unas 2 horas, o hasta que empiece a espesarse y a cuajarse por los bordes. Póngala luego en un cuenco y bátala bien. Devuélvala después al congelador y repita el procedimiento dos o más veces.)

4 Para servir, reparta el helado con una cuchara entre 4 o 6 copas, y decórelas luego con la piel que había reservado. Riegue el helado con cava.

variación
Sirva el sorbete en limones vaciados y congelados. Para ello, corte la parte superior de 4 o 6 limones y vacíelos con una cucharilla puntiaguda. Introduzca el sorbete, casi congelado, en los limones y póngalos luego de pie en el congelador hasta que se congelen.

mousse de miel adornada

PARA 6 PERSONAS

1 huevo grande, más 3 yemas grandes

175 g de miel

300 ml de nata para montar

3 granadas, para servir

1 Forre 6 tarros pequeños con plástico de cocina; procure que sea lo suficientemente largo como para cubrir la parte superior. A continuación, resérvelos.

2 Ponga los huevos enteros, las yemas y la miel en un cuenco, y bátalos hasta obtener una mezcla esponjosa. Ponga la nata para montar en otro cuenco y bátala a punto de nieve. Incorpórela a la mezcla de huevo y miel, y remuévalo.

3 Divida la mezcla entre los tarros y cúbralos con el plástico. Póngalos en el congelador 8 horas, hasta que cuajen. Las *mousses* pueden servirse directamente del congelador porque su consistencia no es sólida.

4 Para servir, retire el plástico de la parte superior y coloque los tarros, boca abajo, sobre platos individuales. Acabe luego de retirar el resto del plástico. Corte las granadas en mitades y sujete una de ellas sobre cada *mousse*. Con la otra mano dé unos golpecitos firmes en la base de la granada para que las pepitas caigan sobre las *mousses*. Sirva de inmediato.

Páginas 208 y 209 *La arquitectura árabe está presente en muchas ciudades españolas.*

albaricoques al horno con miel

PARA 4 PERSONAS

mantequilla, para engrasar

4 albaricoques, en mitades y sin el hueso

4 cucharadas de almendras laminadas

4 cucharadas de miel

una pizca de jengibre rallado o de nuez moscada rallada

helado de vainilla, para servir (opcional)

1 Engrase una fuente para el horno lo suficientemente grande como para poder colocar las mitades de los albaricoques en una sola capa.

2 Coloque las mitades de los albaricoques en la fuente, con los lados cortados hacia arriba. Espolvoréelos con las almendras y riéguelos con la miel.

3 Hornéelos en un horno precalentado a 200 °C unos 12-15 minutos, o hasta que los albaricoques estén blandos y las almendras doradas. Sáquelos del horno y sírvalos en el momento. Puede acompañarlos con helado de vainilla, si lo desea.

El majestuoso esplendor de los pórticos y las fachadas de las iglesias españolas no deja indiferente a nadie.

naranjas de Valencia con caramelo

Los vastos naranjales que se extienden por toda la comunidad de Valencia abastecen a Europa entera. Este sencillo postre puede prepararse con un día de antelación y dejarse en el frigorífico hasta que se vaya a servir. Se trata de un refrescante y delicioso final para una comida, tanto si lo sirve con helado de vainilla o de chocolate.

PARA 4–6 PERSONAS

4 naranjas grandes de zumo

250 g de azúcar extrafino

300 ml de agua

4–6 cucharadas de almendras tostadas, laminadas,
   para servir

1 Trabaje encima de un cuenco refractario para poder recoger el zumo. Pele las naranjas con un cuchillo pequeño de sierra, procurando eliminar completamente el tejido blanco amargo. A continuación, separe los gajos con el cuchillo cortando las membranas que los separan. Exprima bien las membranas vacías para poder extraer todo el zumo posible. Deséchelas y reserve los gajos y el jugo.

2 Caliente el azúcar con 150 ml del agua en un cazo pequeño de fondo grueso a fuego medio o fuerte. Revuélvalo hasta que el azúcar se haya disuelto, y lleve después el agua a ebullición, sin remover, hasta obtener un almíbar de tonalidad dorada oscura.

3 Ponga el agua restante en el cazo (apártese un poco porque el caramelo puede saltar). Remueva de nuevo el caramelo hasta que se disuelva. Retire luego el cazo del fuego y deje que se enfríe un poco. Viértalo después sobre las naranjas. Remuévalo para que el caramelo se mezcle con el zumo de naranja. Deje que las naranjas se enfríen completamente y cúbralas después con plástico de cocina. Póngalas a enfriar un mínimo de 2 horas antes de servir.

4 Justo antes de llevarlas a la mesa, espolvoree las naranjas con las almendras laminadas.

frutas escalfadas a la sevillana

El uso tan generalizado de la fruta y las especias en Andalucía refleja la influencia árabe en la cocina española. En esta receta se utilizan albaricoques, aunque también resulta deliciosa con otras frutas, como las peras o las nectarinas. Sirva la fruta sin acompañamiento o, si lo prefiere, con helado de vainilla, arroz con leche (ver página 196) o pasteles fritos (ver página 221).

PARA 4–6 PERSONAS

para el almíbar

¹/₂ cucharadita de semillas de hinojo

¹/₂ cucharadita de semillas de cilantro

¹/₄ de cucharadita de granos de pimienta negra

200 g de azúcar extrafino

225 ml de vino tinto, como un rioja

225 ml de agua

3 cucharadas de zumo de naranja, recién exprimido

2 cucharadas de zumo de limón, recién exprimido

2 cucharadas de crema de jerez dulce

3 clavos

1 rama de canela

12 albaricoques tiernos, en mitades y sin el hueso

2 cucharadas de almendras tostadas, laminadas, para decorar

1 Ponga los granos de pimienta y las semillas de hinojo y de cilantro en un cazo. Saltéelo a continuación a fuego vivo durante 1 minuto, o hasta que las semillas y los granos empiecen a despedir su aroma. Sáquelos después del cazo para que no se sigan haciendo, y macháquelos ligeramente en un mortero.

2 Caliente el azúcar, el vino, el agua, el zumo de naranja y de limón, el jerez y las especias en un cazo a fuego medio, removiendo para que se disuelva el azúcar. Llévelo a ebullición sin remover y deje que hierva unos 5 minutos.

3 Añada la fruta y deje que cueza todo a fuego lento unos 6-8 minutos, o hasta que la fruta esté tierna. Retire el cazo del fuego y póngalo en un cuenco con agua muy fría. Déjelo reposar para que se enfríe. Pele los albaricoques cuando estén lo suficientemente fríos como para manipularlos. Después cúbralos y póngalos a enfriar hasta que los necesite.

4 Mientras tanto, vuelva a poner el zumo al fuego y lleve a ebullición hasta que el almíbar se espese. Retírelo del fuego y deje que se enfríe.

5 Para servir, coloque la fruta en cuencos, riéguela con abundante almíbar y espolvoréela con las almendras laminadas.

216 # galletas de almendras

Los productos frescos y llenos de colorido de los mercados son transportados a diario, de una u otra forma, a todos los pueblos y ciudades de España.

Estas sustanciosas galletas de almendras se comen tradicionalmente durante la Semana Santa.

UNAS 60 UNIDADES

150 g de mantequilla, a temperatura ambiente

150 g de azúcar extrafino

115 g de harina común

25 g de almendras molidas

una pizca de sal

75 g de almendras blanqueadas (ver página 50), ligeramente tostadas y finamente picadas

la ralladura fina de 1 limón grande

4 huevos blancos medianos

1 Ponga la mantequilla y el azúcar en un cuenco, y bátalos hasta obtener una mezcla ligera y esponjosa. Tamice por encima la harina, las almendras y la sal. Añada los trozos de almendra que se hayan quedado en el tamiz. Mezcle luego las almendras y la ralladura del limón con una cuchara metálica.

2 En otro cuenco limpio, bata las claras de huevo a punto de nieve. Incorpórelas después a la mezcla de las almendras, y remuévalo bien.

3 Con una cucharilla divida en pequeñas porciones la masa de las galletas y póngalas espaciadas sobre una o más bandejas del horno bien engrasadas. (Quizás deba trabajar en tandas.) Hornee las galletas a 180 °C durante 15-20 minutos, o hasta que los bordes se doren. Después póngalas en una rejilla metálica para que se enfríen del todo. Continúe horneando hasta que no quede más masa. Guarde las galletas en un recipiente hermético hasta un máximo de 1 semana.

tarta de Santiago

La tarta de Santiago no sólo se sirve como postre. Muchas veces la encontrará también en las cafeterías, donde se degusta con un café o un té a media tarde. Esta tarta es originaria de Santiago de Compostela, ciudad donde se encuentra la catedral edificada en honor al apóstol y destino final de peregrinos. De aquí viene también la costumbre de decorarla con una cruz de Santiago de azúcar glasé, aunque una concha de vieira vuelta también es una buena opción. Sitúe la concha en el centro de la tarta y espolvoree la superficie con azúcar glasé. Luego retírela con cuidado para dejar al descubierto su impresión.

PARA UNA TARTA DE 1 x 25 CM

para la masa

280 g de harina común

150 g de azúcar extrafino

1 cucharadita de la ralladura fina de un limón
     una pizca de sal

150 g de mantequilla sin sal, fría y cortada
     en pequeños dados

1 huevo mediano, ligeramente batido

1 cucharada de agua fría

175 g de mantequilla sin sal, a temperatura ambiente

175 g de azúcar extrafino

3 huevos grandes

175 g de almendras finamente molidas

2 cucharaditas de harina común

1 cucharada de la piel de una naranja finamente rallada

1/2 cucharadita de esencia de almendra

azúcar glasé, para decorar

nata para cocinar (opcional), para servir

1 Ponga la harina, el azúcar, la ralladura del limón y la sal en un cuenco. Mezcle la mantequilla con los dedos, y añada luego el huevo, el agua y la harina, removiendo con un tenedor hasta que se forme una masa rugosa. Haga una bola y déjela enfriar un mínimo de 1 hora.

2 Extienda la masa sobre una superficie enharinada* hasta que tenga 3 mm de grosor. Forre con ella un molde de tarta desmontable de 25 cm de diámetro, ligeramente engrasado. Déjelo en el frigorífico un mínimo de 15 minutos.

3 Cubra la masa con papel de aluminio y coloque encima alubias secas. Hornee la tarta a 220 °C unos 12 minutos. Retire las alubias y el papel de aluminio, y vuelva a colocar el molde en el horno unos 4 minutos . Sáquelo del horno y reduzca la temperatura a 200 °C.

4 Bata la mantequilla y el azúcar hasta obtener una mezcla cremosa. Incorpore uno a uno los huevos y bátalo entre medias. Añada las almendras, la ralladura de la naranja, la harina y el extracto de almendras, y bátalo bien hasta que esté todo mezclado.

5 Ponga el relleno en el molde y alise la superficie. Hornéelo unos 30-35 minutos, o hasta que esté dorado y la punta de un cuchillo salga limpia al pincharlo en el centro. Deje que se enfríe en una rejilla metálica. Luego espolvoree la superficie con azúcar glasé tamizado (ver la introducción). Sirva la tarta con una cucharada de nata para cocinar, si lo desea.

consejo del cocinero

Si tiene dificultades para extender la masa, póngala entre dos capas de plástico de cocina y estírela. Retire luego el plástico superior, dé la vuelta a la masa en el molde y retire la segunda capa. También puede dividir la masa en partes y estirarlas. Únalas presionando con los dedos.

Este postre hará las delicias de toda la familia.

PARA 16–20 UNIDADES

100 g de harina común

40 g de mantequilla sin sal, derretida

1 cucharada de jerez dulce

$1/2$ cucharadita de esencia de vainilla

una pizca de sal

1 huevo pequeño, muy ligeramente batido

aceite de oliva, para freír

para decorar

2 cucharadas de azúcar glasé

$1/2$ cucharadita de canela molida

una pizca de jengibre rallado

1 Ponga la harina en un cuenco y forme un agujero en el centro. Añada luego la mantequilla, el jerez y el extracto de vainilla, junto con la sal y 1 cucharada del huevo. Mézclelo todo bien hasta que se forme una masa uniforme. Haga una bola y envuélvala en plástico de cocina. Resérvela a continuación a temperatura ambiente durante unos 15 minutos.

2 Extienda la mitad de la masa sobre una superficie ligeramente enharinada hasta conseguir una capa muy delgada. Corte 8-10 círculos de 5,5 cm de diámetro con un cortapastas dentado. Amase luego de nuevo los restos. Repita el proceso con la otra mitad de la masa.

3 En una sartén, caliente una buena cantidad de aceite a fuego fuerte, o hasta que un dado de pan del día anterior se dore en 30 segundos. Incorpore 5-6 círculos de la masa, sin llenar demasiado la sartén, y fríalos durante 45 minutos. Déles la vuelta con una espumadera grande y siga friéndolos hasta que los círculos estén abombados y los lados dorados. Luego póngalos encima de un papel de cocina arrugado y séquelos bien. Tenga cuidado: los pasteles son muy delicados y podrían romperse con mucha facilidad. Siga hasta agotar toda la masa.

4 Mezcle el azúcar glasé, la canela y el jengibre, y luego tamice la mezcla sobre los pasteles todavía calientes. Puede conservarlos hasta 3 días en un envase hermético.

222

leche frita

PARA UNAS 25 UNIDADES

aceite de cacahuete

600 ml de leche entera

1 rama de canela

1 tira de piel de limón, sin el tejido blanco

2 huevos grandes, más 1 yema grande

100 g de azúcar extrafino

55 g de harina común y un poco más para espolvorear

35 g de harina de maíz

1 cucharadita de extracto de vainilla

azúcar extrafino y canela, para decorar

aceite de oliva

1 Forre una bandeja de horno con papel de aluminio y engráselo ligeramente con el aceite. Resérvelo.

2 Vierta la leche, la rama de canela y la tira de limón en un cazo. Llévelo a ebullición, retírelo del fuego y resérvelo.

3 Ponga los huevos, la yema, el azúcar, la harina de maíz y el extracto de vainilla en un cuenco, y bátalo hasta conseguir una mezcla uniforme.

4 Vuelva a colocar la mezcla de la leche al fuego y llévela a ebullición. Vierta la leche sobre el huevo, y bátalo bien. Llévelo a ebullición y reduzca el fuego. Déjelo hervir a fuego lento durante 3 minutos, o hasta que la crema se espese y deje de adherirse al cazo.

5 Ponga la crema en la bandeja de horno ya preparada y alise la superficie con una espátula húmeda. Deje que se enfríe completamente, cúbrala y póngala después a enfriar entre 2 y 3 horas, como mínimo.

6 Dé la vuelta a la crema sobre una tabla para picar y retire el papel de aluminio. Córtela en diagonal hasta conseguir 25 triángulos, más los trozos que hayan sobrado tras recortar los bordes. Espolvoree los triángulos con la harina y sacúdalos para eliminar el exceso de harina.

7 Caliente en una sartén abundante aceite a fuego fuerte, o hasta que un dado de pan del día anterior se dore en 30 segundos. Incorpore 5-6 triángulos a la vez, evitando que la sartén se llene demasiado, y fríalos durante 45 minutos. Déles la vuelta con una estrelladera o una espumadera y siga friéndolos hasta que estén dorados. Póngalos después sobre un papel de cocina arrugado y séquelos bien. Continúe friendo hasta que no queden más triángulos. Sírvalos espolvoreados con el azúcar extra y la canela.

El frenético ritmo de vida que impone la era moderna no ha supuesto ningún obstáculo para que en España se siga elaborando una cocina tradicional basada en ingredientes y productos de buena calidad.

postre de músico

Esta receta a base de frutos secos recibe su nombre de los tiempos en que grupos de músicos recorrían toda España actuando en festivales, bodas o improvisados conciertos. Su exiguo jornal sólo les permitía alquilar una cama para pasar la noche y comprar algunos frutos secos con los que alimentarse. Hoy en día, todos los pasteles o barritas de caramelo que contienen una mezcla de frutos secos se conocen como postre de músico.

PARA 3 BARRAS; CADA BARRA PARA 4–6 PERSONAS

500 g de azúcar extrafino

150 ml de agua

$^1/_8$ de cucharadita de vinagre de vino blanco

aceite de cacahuete u otro insípido, para engrasar

300 g de frutos secos mezclados, como almendras blanqueadas o sin blanquear; almendras laminadas; avellanas sin piel; cacahuetes salados o sin salar y pacanas saladas o sin salar

100 g de pasas

55 g de albaricoques, higos o dátiles secos, finamente troceados

55 g de piñones

1 Caliente el azúcar, el agua y el vinagre en un cazo de fondo grueso a fuego medio o fuerte, y remuévalo para disolver el azúcar. Llévelo a ebullición y deje que hierva, sin remover, unos 25 minutos, o hasta que el azúcar alcance los 175 °C en un termómetro para azúcar, o hasta que adquiera un color ámbar.

2 Mientras tanto, engrase con aceite un molde para horno de 30 x 23 cm y un cuchillo de cocinero grande. Mezcle los frutos secos con la fruta.

3 Cuando el caramelo tenga un color ámbar, añada la fruta y los frutos secos, y remuévalos. Traspáselos justo después a la fuente. Proceda muy rápidamente utilizando una espátula húmeda para que se extienda de manera uniforme la mezcla.

4 Déjelo reposar unos minutos para que el caramelo se solidifique pero sin que se ponga muy duro para cortarlo. Déle la vuelta sobre una bandeja con papel vegetal engrasado y corte el caramelo con el cuchillo encerado en 3 barras, cada una de 10 x 23 cm. Déjelo enfriar hasta que esté duro y envuelva después cada barra con papel de aluminio. Puede almacenarlo hasta una semana.

dátiles rellenos de melindres

La ciudad de Elche, en la Costa Blanca, es conocida por sus magníficos palmerales y deliciosos dátiles, que en este postre se combinan con el mazapán, una herencia directa de los árabes. El mazapán español es diferente del norte de Europa porque no contiene clara de huevo. Hay infinidad de sabores, ya que se puede elaborar con piel de naranja o limón rallada, con trocitos de fruta escarchada o con pistachos picados.

PARA 12–14 PERSONAS

para el mazapán

70 g de azúcar glasé, más otro poco para espolvorear

70 g de almendras molidas

¹/₄ de cucharadita de esencia de almendra

12–14 dátiles listos para comer

1 Tamice el azúcar glasé en un cuenco y mézclelo con las almendras molidas. Vierta por encima la esencia de almendra. Añada de forma gradual un poco de agua (¹/₄ de cucharadita cada vez), hasta lograr una mezcla con la que pueda hacer una bola.

2 Amase el mazapán con las manos y luego póngalo sobre una superficie espolvoreada con azúcar glasé; siga amasando hasta que no tenga grumos. Puede conservar el mazapán hasta 3 días en el frigorífico, cubierto con plástico de cocina.

3 Para rellenar los dátiles, corte cada uno a lo largo. Ábralos y extraiga el hueso. A continuación, corte un poco de mazapán, haga con él un "tronco" pequeño e introdúzcalo dentro del dátil. Coloque los dátiles en una bandeja y sírvalos con el café.

ACOMPAÑAMIENTOS Y BEBIDAS

La sencillez es uno de los signos distintivos de la gastronomía española, por lo que las salsas muy complicadas apenas tienen lugar en ella.

En Cataluña, la salsa *romesco* (ver página 233), con almendras tostadas, tomates y guindillas secas dulces y picantes ha pasado de ser la base de un estofado de marisco típico de la ciudad costera de Tarragona a convertirse en un acompañamiento del marisco a la parrilla o asado. (También realza el sabor del pollo asado y de las chuletas de cerdo a la parrilla, aunque sea una combinación poco convencional.)

En las Islas Canarias, el acompañamiento de las *papas arrugadas* (ver página 84) es el mojo rojo, una salsa que en su forma tradicional está hecha de pimentón picante y pimientos del piquillo; resulta deliciosa con albóndigas (ver página 77). El mojo verde, por su parte, se sazona con cilantro.

La mahonesa picante con sabor a ajo, el *allioli*, tiene una larga historia. Los historiadores españoles afirman que es la precursora de la salsa mahonesa francesa. El significado literal de su nombre es "ajo y aceite". Su sabor picante es una cuestión de gusto personal y de la cantidad de ajo que se emplee. La versión actual apenas difiere del *aïoli* de la Provenza francesa, pero originariamente la salsa española se preparaba con ajo majado, el cual se batía, gota a gota, con aceite de oliva hasta obtener una emulsión. Debido a que esta técnica es algo difícil de realizar, en la versión moderna casi siempre se añaden yemas de huevo, lo que permite obtener una salsa más espesa y consistente.

El *allioli* es fácil de preparar en casa (ver página 232), pero pocos cocineros españoles se molestan en hacerlo ellos mismos porque en los supermercados hay una gran oferta de esta salsa ya preparada. (Cuando lo haga usted mismo, guárdelo en un recipiente cerrado en el frigorífico un máximo de 3 días.)

En una ración de patatas fritas (ver página 247) se combinan la pasión de los españoles por la comida frita y su predilección por la patata, que aparece en muchos guisos. Esta hortaliza es un acompañamiento excelente tanto para la carne asada y la volatería como para el marisco.

En España, el arroz, al igual que sucede con las verduras, raramente se sirve como acompañamiento en los platos. Pero en este capítulo, sin embargo, se incluyen varias recetas que lo presentan como guarnición. La receta alcachofas y guisantes (ver página 248) puede servirse como una comida completa. El arroz al jerez (ver página 243) es un.acompañamiento sofisticado que complementa a un asado de carne de vacuno o de cerdo, como por ejemplo la ternera con

Cuando llegue el verano haga un agua limón helada. Su sabor amargo es más refrescante que el de la limonada dulce

verduras en escabeche (ver página 139). A su vez, el arroz azafranado con verduras (ver página 244) es una excelente opción para convertir un sencillo cordero a la parrilla en una comida completa.

Cuando llegue el verano, pruebe a hacer un agua limón (ver página 252) helada. Su sabor ligeramente ácido resulta mucho más refrescante que el de la limonada dulce. La clásica y popular sangría (ver página 253), hecha a base de vino tinto y distintos tipos de fruta, resulta ideal para tomar en época de calor y es, a la vez, la mejor forma de disfrutar de los intensos vinos españoles mezclados con la fruta madurada al sol.

232

allioli

Es una de las salsas clásicas de la cocina catalana. Se suele servir con carne a la brasa, fideuá y marisco frito, pero también es deliciosa con verdura tierna de primavera. (Cueza en cazos individuales y con agua ligeramente salada espárragos tiernos, zanahorias y patatas nuevas hasta que las verduras estén blandas y crujientes. Escúrralas, lávelas después con agua helada para cortar la cocción y séquelas con papel de cocina. Repártalas en los platos y salpiméntelas. Ponga un poco de allioli al lado.)

Originariamente, esta salsa era muy diferente al aïoli francés, ya que no incluía huevo, pero su preparación resultaba algo compleja. Por ello, hoy en día, apenas existe diferencia entre estas dos versiones de allioli.

PARA 350 ML APROXIMADAMENTE

3–4 dientes de ajo grandes, o a su gusto

sal marina

2 yemas grandes

1 cucharadita de zumo de limón

300 ml de aceite de oliva virgen extra

sal y pimienta

1 Maje los dientes de ajo con una pizca de sal marina hasta obtener una pasta. Póngala en un robot de cocina, añada las yemas y el zumo de limón, y bátalo.

2 Con el motor en marcha, añada el aceite hasta que se forme una emulsión y la salsa se espese. Póngala en un recipiente cerrado en el frigorífico hasta 3 días.

variación – allioli con azafrán

Ponga en agua caliente 2 cucharadas de azafrán y déjelo en remojo unos 10 minutos como mínimo. Siga la receta y añada el agua del azafrán en el paso 2, cuando la salsa se espese.

romesco

Esta salsa de tomate catalana se sirve normalmente con pescado y marisco, pero también es ideal para añadirle un delicioso sabor a las ensaladas y a la carne de pollo, cerdo o cordero. En las recetas clásicas se utilizan pimientos de romesco, que tienen un sabor dulce y picante. Pero hoy en día son difíciles de encontrar, por lo que se utiliza en general pimiento ñora seco y pimientos picantes secos.

PARA 300 ML APROXIMADAMENTE

4 tomates grandes, maduros

16 almendras blanqueadas (ver página 50)

3 dientes de ajo grandes, sin pelar y enteros

1 pimiento dulce y seco, como un pimiento ñora, puesto en remojo durante 20 minutos y secado con papel de cocina

4 pimientos rojos secos, puestos en remojo durante 20 minutos y secados con papel de cocina

una pizca de azúcar

150 ml de aceite de oliva virgen extra

unas 2 cucharadas de vinagre de vino tinto

sal y pimienta

1 Ponga los tomates, las almendras y el ajo en una bandeja de hornear e introdúzcala en el horno precalentado a 180 °C; déjela unos 20 minutos o hasta que los ingredientes se doren. Vigile las almendras a partir de los 7 minutos porque se queman rápidamente.

2 Pele el ajo y los tomates asados. Ponga las almendras y el ajo, junto con el pimiento dulce y los pimientos rojos, en un robot de cocina, y tritúrelo hasta que todo esté finamente troceado. Añada el tomate y el azúcar y vuelva a triturar.

3 Con el motor en marcha, añada el aceite de oliva. Agregue 1¹/₂ cucharadas del vinagre y bátalo. Pruebe la mezcla y añada más vinagre, si fuera necesario. Luego salpiméntela al gusto.

4 Déjela reposar unas 2 horas antes de servirla a la mesa. Si no la usa, tápela y guárdela en el frigorífico; se conserva hasta 3 días. Recuerde que para servirla debe estar a temperatura ambiente.

pisto

Este guiso, parecido a la ratatouille *francesa, resulta delicioso en verano. La mayoría de las veces se sirve frío para dar sabor a una ensalada, o también como tapa, repartido por encima de rebanadas gruesas de pan. Si se sirve caliente es el acompañamiento ideal para las pechugas de pollo o los filetes a la parrilla.*

En esta versión, las verduras se preparan por separado para que no se mezclen los sabores.

PARA 4–6 PERSONAS

unos 125 ml de aceite de oliva

2 cebollas grandes, en rodajas finas

4 dientes de ajo grandes, majados

300 g de berenjena, cortada en dados de 1 cm

300 g de calabacín, verde o amarillo, en dados de 1 cm

1 pimiento rojo grande, despepitado y troceado

1 pimiento amarillo grande, despepitado y troceado

1 pimiento verde grande, despepitado y troceado

2 ramitas de tomillo fresco

1 hoja de laurel

1 ramita pequeña de romero tierno

100 ml de caldo de verdura

sal y pimienta

450 g de tomates grandes jugosos, pelados
  (ver página 63), despepitados y troceados

1 Caliente unas 2 cucharadas del aceite a fuego medio en una olla refractaria. Añada luego la cebolla y sofríala unos 5 minutos, removiendo de vez en cuando, o hasta que empiece a ablandarse pero sin dorarse. Añada el ajo y remuévalo todo. Reduzca el fuego al mínimo.

2 Mientras tanto, caliente a fuego fuerte una sartén hasta que note que el calor empieza a subir. Añada 1 cucharada del aceite y los dados de berenjena en una sola capa. Sofríalos a continuación, removiendo, hasta que estén ligeramente dorados por todos los lados. Añádalos a la olla con la cebolla.

3 Agregue otra cucharada de aceite. Incorpore luego el calabacín y rehóguelo, removiendo, hasta que los dados estén dorados. Póngalos en la olla. Sofría después el pimiento de la misma forma y añádalo a la olla.

4 Agregue el tomillo, el laurel, el romero y el caldo a la olla, y remuévalo. Salpiméntelo al gusto y llévelo a ebullición. Vuelva a reducir el fuego al mínimo, tape la olla y deje que hierva durante 20 minutos, removiendo de vez en cuando, hasta que la verdura esté muy tierna y mezclada.

5 Retire la olla del fuego y añada el tomate. Remuévalo. Cúbrala y déjela reposar unos 20 minutos para que los tomates se ablanden. El pisto ya está listo para servir, pero es mejor si se deja enfriar por completo o se sirve directamente del frigorífico al día siguiente.

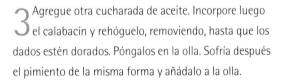

salsa de tomate y pimiento

Según la cantidad de tiras de corteza de naranja que le añada, podrá modificar el carácter de esta salsa, que combina prácticamente con todo.

PARA 700 ML APROXIMADAMENTE

4 cucharadas de aceite de oliva

10 dientes de ajo grandes

140 g de chalotes, picados

4 pimientos rojos grandes, sin el corazón, despepitados
    y troceados

1 kg de tomates frescos, maduros, de sabor fuerte,
    troceados, o 1,2 kg de tomates en lata de buena
    calidad, también troceados

2 finas tiras de la corteza de una naranja recién pelada

una pizca de láminas de pimiento rojo picante (opcional),
    al gusto

sal y pimienta

1 Caliente el aceite a fuego medio en una olla. Añada el ajo, el chalote y el pimiento, y sofríalos 10 minutos, removiendo de vez en cuando, hasta que el pimiento esté tierno pero no dorado.

2 Añada el tomate, incluyendo el jugo si es de lata, la corteza de la naranja y las láminas de pimiento picante, y salpiméntelo al gusto. Llévelo a ebullición. Reduzca el fuego al mínimo y deje luego que hierva, sin tapar, durante 45 minutos, o hasta que el líquido se evapore y la salsa se espese.

3 Con una batidora, bata la salsa hasta obtener un puré. Si usa el robot de cocina, pase luego la salsa por un colador fino presionando con una cuchara de madera. Sazónela si fuera necesario. Sírvala de inmediato o cúbrala y guárdela en el frigorífico hasta 3 días.

En Montiagudo, en la provincia de Murcia, las fértiles tierras producen abundante arroz, verdura y fruta, que luego darán lugar a deliciosas y variadas recetas.

espinacas con garbanzos

Los garbanzos forman parte de las recetas típicas de Andalucía desde hace siglos. Los conquistadores españoles trajeron esta nutritiva legumbre del Nuevo Mundo en sus largos viajes de descubrimiento. El uso del comino, la cayena y la cúrcuma refleja la influencia árabe y norteafricana en la cocina española. Sirva los garbanzos con cualquier tipo de carne asada o a la parrilla, o bien solos, como un plato vegetariano.

PARA 4–6 PERSONAS

2 cucharadas de aceite de oliva

1 diente de ajo grande, partido por la mitad

1 cebolla mediana, finamente picada

1/2 cucharadita de comino

una pizca de pimienta de cayena

una pizca de cúrcuma

800 g de garbanzos en lata, escurridos y lavados

500 g de hojas de espinacas tiernas, lavadas y ligeramente escurridas

2 pimientos del piquillo (ver página 67), secos y en tiras

sal y pimienta

1 Caliente el aceite a fuego medio en una sartén. Incorpore el ajo y sofríalo durante unos 2 minutos, o hasta que esté dorado pero no muy oscuro. Sáquelo con una espumadera y deséchelo.

2 Añada a la sartén la cebolla, el comino, la cayena y la cúrcuma, y sofríalo, removiendo, unos 5 minutos, o hasta que la cebolla esté tierna. Agregue los garbanzos sin dejar de remover hasta que estén coloreados por la cúrcuma y la cayena.

3 Incorpore las espinacas humedecidas por el agua que haya quedado después de escurrirlas. Cubra la sartén y rehóguelas unos 5 minutos, hasta que estén arrugadas. Añada los pimientos y deje que hierva bien, hasta que el líquido se evapore. Salpiméntelo al gusto y sírvalo.

Páginas 240 y 241 Un mercado al aire libre no sólo ofrece una gran variedad de frutas y verduras, sino que constituye además una oportunidad única para conocer la cultura y las costumbres locales.

arroz al jerez

Éste es un excelente plato para acompañar la ternera asada, así como la carne de cerdo o de pollo.

PARA 4–6 PERSONAS

2 cucharadas de aceite de oliva

1 cebolla grande, finamente picada

1 diente de ajo grande, machacado

400 g de arroz de grano corto

225 ml de jerez amontillado

1 litro de caldo de pollo recién hecho, caliente*

una pizca de pimienta de cayena

sal y pimienta

1 Caliente el aceite en una cazuela poco profunda, de fondo grueso y refractaria. Incorpore luego la cebolla y sofríala unos 3 minutos. Añada el ajo y sofríalo unos 2 minutos más, o hasta que la cebolla esté tierna pero no dorada.

2 Enjuague el arroz hasta que el agua salga limpia. Séquelo e incorpórelo a la cazuela. Remuévalo hasta que esté bien impregnado con el aceite. Añada luego 2 cucharadas del jerez y déjelo hervir. Agregue el caldo junto con la cayena y remuévalo. Salpiméntelo y llévelo a ebullición. Reduzca el fuego y deje que cueza durante 20 minutos, sin tapar la cazuela y sin remover, hasta que se haya absorbido la mayor parte del caldo y aparezcan agujeros en la superficie.

3 Apague el fuego, riegue con el jerez que haya quedado, tape la cazuela y deje reposar el arroz durante 10 minutos, o hasta que el líquido haya sido absorbido del todo.

variación – arroz al jerez azafranado

Lleve el caldo a ebullición en un cazo, añada luego un pellizco de hebras de azafrán y déjelo reposar durante 10 minutos. Siga la receta y utilice el caldo con azafrán en el paso 2.

*consejo del cocinero

Es importante que no utilice caldo de pastilla, ya que suele ser muy salado y eliminaría de este modo el delicado sabor del plato.

Los castillos construidos sobre elevadas colinas dominan numerosos paisajes y son, a su vez, un testimonio del rico pasado cultural de España.

244

arroz azafranado con verduras

PARA 4–6 PERSONAS

un pellizco grande de hebras de azafrán

1,2 litros de caldo de verdura, caliente

2 cucharadas de aceite de oliva virgen extra

1 cebolla grande, finamente picada

1 diente de ajo grande, majado

400 g de arroz de grano corto

100 g de judías verdes o de otra variedad fina, troceadas

sal y pimienta

100 g de guisantes congelados

perejil, para decorar

1 Ponga las hebras de azafrán en un cuenco refractario y añada el caldo caliente. Déjelo reposar.

2 Mientras tanto, caliente el aceite a fuego medio en una cazuela no muy profunda y refractaria. Luego incorpore la cebolla y sofríala durante unos 3 minutos. Añada después el ajo y sofríalo 2 minutos más, o hasta que la cebolla esté tierna pero no dorada.

3 Enjuague el arroz hasta que el agua salga clara. Séquelo y añádalo a la cazuela junto con las judías. Remuévalos hasta que estén bien impregnados de aceite. Vierta el caldo y salpiméntelo al gusto. Llévelo después a ebullición. Reduzca el fuego y deje que cueza a fuego lento, sin tapar y sin remover, unos 12 minutos.

4 Incorpore los guisantes, removiendo suavemente, y deje que siga hirviendo unos 8 minutos más, hasta que el líquido se haya absorbido del todo, y las judías y los guisantes estén tiernos. Sazónelo y, a continuación, sírvalo decorado con perejil.

Los puntos de interés de Madrid resultan tan atractivos de día como de noche.

patatas fritas

*Ésta es una de las formas más populares de preparar
las patatas, que a menudo se sirven para acompañar
la carne o el pollo, o a veces como patatas bravas
(ver página 86).*

PARA 6 PERSONAS
1 kg de patatas, sin pelar
aceite de oliva
sal marina

1 Lave las patatas, séquelas y córtelas a continuación
en trozos grandes.

2 Ponga en una sartén de fondo grueso el aceite de
oliva, hasta que alcance una altura de unos 5 cm,
y un trozo de patata. Caliente el aceite a fuego medio
hasta que la patata empiece a chisporrotear. Añada los
otros trozos sin llenar demasiado la sartén y fríalos
durante 15 minutos hasta que estén dorados y tiernos.
Trabaje en tandas, si fuera necesario, y mantenga
calientes las patatas ya hechas mientras fríe el resto.

3 Saque las patatas con una espumadera y póngalas
en una bandeja cubierta con papel de cocina. Deje
que escurra el exceso de aceite y espolvoréelas con la
sal marina. Sírvalas de inmediato.

variación – patatas fritas con ajo
Corte 6 dientes de ajo grandes en rodajas finas. Añádalo
a la sartén con las patatas y sofríalo sólo hasta que esté
dorado. Sáquelo con una espumadera. Si el ajo se quema,
el aceite sabrá también a quemado. Como alternativa,
puede freír las patatas en aceite con sabor a ajo.

*Un león en actitud desafiante custodia el
monumento dedicado a Colón, en Barcelona.*

alcachofas y guisantes

Es un acompañamiento ideal para el pollo asado y delicioso también como una comida ligera.

PARA 4–6 PERSONAS

4 cucharadas de aceite de oliva virgen extra

2 cebollas, en finas rodajas

1 diente de ajo grande, majado

280 g de corazones de alcachofas en aceite, escurridos y cortados por la mitad

200 g de guisantes frescos o congelados, pelados

2 pimientos rojos, asados, despepitados (ver página 74) y en tiras

2 lonchas finas de jamón serrano, troceado (opcional)

6 cucharadas de perejil fresco finamente picado

el zumo de $1/2$ limón

sal y pimienta

1 Caliente el aceite a fuego medio en una sartén. Añada la cebolla y sofríala, removiendo, durante 3 minutos. Añada después el ajo y rehóguelo todo unos 2 minutos más, o hasta que la cebolla esté tierna pero no dorada.

2 Agregue luego los corazones de las alcachofas y los guisantes frescos si los va a utilizar. Cúbralo con agua. Llévelo a ebullición y reduzca después el fuego. Deje que hierva a fuego lento y sin tapar durante unos 5 minutos, o hasta que los guisantes estén cocidos y el agua se haya evaporado completamente.

3 Añada las tiras de pimiento, el jamón y los guisantes. Deje que siga hirviendo hasta que todo esté caliente. Incorpore luego el perejil y el zumo de limón a su gusto, y remuévalo. Salpiméntelo y sírvalo de inmediato, o déjelo enfriar a temperatura ambiente.

Las fuentes, de inspirado diseño, constituyen parte del encanto de Madrid.

chocolate a la taza

1 Derrita en un cazo de fondo grueso el chocolate con la leche a fuego medio y sin dejar de remover. Añada luego el azúcar y siga removiendo hasta que se disuelva.

2 Ponga la harina de maíz en un cuenco y haga un agujero en el centro. Añada unas 2 cucharadas del líquido caliente y vaya removiendo hasta que obtenga una masa espesa y uniforme. Vierta a continuación otras 2 cucharadas del líquido y remuévalo bien.

3 Ponga la mezcla de la harina en el cazo y cuézalo a fuego lento, sin dejar de remover. Llévelo a ebullición y siga removiendo hasta que el chocolate se espese. Viértalo directamente en tazas de café y sírvalo.

Los españoles adoran el chocolate a la taza, que en general se sirve muy espeso. Es ideal para mojar los churros y los pasteles fritos (ver página 221), y un magnífico desayuno para ofrecer a invitados. Con una pequeña porción por persona bastará, ya que es muy sustancioso.

PARA 4–6 PERSONAS

100 g de chocolate sin leche, por lo menos
 70 % de cacao, en trozos
600 ml de leche
115 g de azúcar extrafino
3$^{1}/_{2}$ cucharadas de harina de maíz
1 cucharadita de esencia de vainilla
una pizca de sal

La vista del campanario de una iglesia al final de este angosto camino anuncia al viajero que se está acercando a un pueblo.

agua limón

en finas rodajas el limón que ha sobrado y reserve entre 4-6 para servir. Incorpore las restantes en el zumo y remuévalo todo.

PARA 4–6 VASOS

8 limones grandes

200 g de azúcar extrafino, más un poco al gusto

700 ml de agua hirviendo

1 Ralle finamente la corteza de 7 limones y exprímalos. Vierta luego el zumo en un cuenco refractario. Corte

2 Agregue después el azúcar extrafino y remuévalo. Añada el agua hirviendo y deje que se enfríe hasta que alcance la temperatura ambiente. Póngalo luego en el frigorífico hasta que vaya a servirlo.

3 Para servir, cuele el zumo, viértalo en una jarra, y dilúyalo con agua fría al gusto. Agregue más azúcar si así lo desea. Sírvalo en vasos adornados con las rodajas de limón.

sangría 253

or part brandy
part Triple Sec or Peach Liqueur

PARA 12–15 VASOS

100 ml de brandy *   ½ C

4 limones grandes, en rodajas y en cuartos

4 naranjas grandes, en rodajas y en cuartos

2 limas, en rodajas y en cuartos

2 melocotones,* deshuesados y en rodajas (opcional)   * o manzanas

2 botellas de 75 cl de vino tinto, frío

200 g de azúcar extrafino, y un poco más, para decorar   1 C

cubitos de hielo, para servir

1 Ponga la mitad de las rodajas de limón, de naranja y de melocotón, junto con el brandy, en un cuenco y aplaste las frutas con una cuchara. Cubra el cuenco y déjelo en la nevera unas 2 horas. Cubra las frutas que hayan sobrado y guárdelas en el frigorífico.

2 Vierta el brandy con la fruta en una jarra, añada el vino y el azúcar, y luego remuévalo hasta que éste se disuelva. Pruébelo y añada más azúcar, si lo desea. Ponga un poco de la fruta reservada en los vasos y vierta por encima la sangría junto con algunos trozos de la fruta empapada en el brandy.